朱丹麗　著◆劉建志　繪

智慧與慈悲的分享

聖嚴法師

小說，是通過文學的筆觸，以說故事的方式，表現人性之美，所以稱爲文藝作品。它可以是寫實的，也可以是虛構的，但它必定是與人心相應，才會獲得讀者的喜愛與共鳴。

高僧的傳記，是眞有其人、實有其事的眞實故事，也是通過文字的技巧，以敍述介紹的方式，將高僧的行誼，呈現在讀者的眼前，也是屬於文學類的作品，只是缺少小說那樣戲劇性的氣氛。

高僧的傳記，以現代人白話文體，加上小說的表現手法，那就顯得特別生動而富於趣味化了。我從小喜歡文學作品的原因，是佩服它有高度的說服力，並且能使讀者印象深刻，歷久不忘，並且認爲高深的佛法，經過文學的表現，就能普及民間，深入民心，達成化世導俗的效果。我們發現諸多佛經的體裁，是用小品散文、長短篇小說，以及長短篇的詩偈寫成的。

近代已有人用白話文翻譯佛經，也有人以語體文重寫高僧傳記，但尚未有人以小說及童話的方式來重寫高僧傳記。故在《大藏經》中雖藏有極豐富的歷代高僧傳記資料，市面上卻很難見到。我們的法鼓文化事業股份有限公司，爲了使得故典的原文很容易地被現代的讀者接受，尤其容易讓青少年們喜愛，而從高僧傳記之中，分享到他們的智慧及慈悲，所以經過兩年多的策畫運作，推出一套「高僧小說系列」的叢書，選出四十位高僧的傳記，邀請到當代老、中、青三代的兒童文學作家群，根據史傳資料，用他們的生花妙筆、豐富的感情、敏銳的想像，加上電影蒙太奇的剪接技巧，以現代小說的形式，生動活潑地呈現到讀者的面前。這使得歷史上的高僧群，都回到我們現代人的生活中來，陪伴著我們，給我們智慧，給我們安慰，給我們健康，給我們平安。

這套叢書的主要對象是青少年，但它是屬於一切人的，是超越於年齡層次的佛教讀物。

我要在此感謝參與這套叢書編寫出版的全體工作人員，包括編者、作者、畫家、審核者、校對者、發行者，由於他們的努力，才能有這項成果奉獻在廣大的讀者之前。也請諸方先進和所有的讀者，多給我們鼓勵和指教。

一九九五年四月八日晨
序於台北法鼓山農禪寺

推薦序

人生要通往哪裡？

蔡志忠

「只有死掉的魚，才隨波逐流！」

人生是件簡單的事，是我們自己把它弄得很複雜的。

魚從來都不思考：

「水是什麼？

水為何要流？

水為何不流？」

這些無謂的問題。

魚只有一個最簡單的問題：

「我要不要游？
如何游？
游到哪裡？
游到那裡做什麼？」
人常自陷於無明的憂鬱深淵，無法跳脫出來。
人也常走進一條沒有出口的道路，
才發現原來這根本不是自己的人生之道。
兩千五百年前，佛陀原本也自陷於
人生的痛苦深淵……，經過六年的
修行思考，佛陀終於覺悟出：
「什麼是苦？
苦形成的次第過程？
如何消滅苦？
通往無苦的解脫自在之道。」

這也就是苦生、苦滅，一切因緣生的「三法印」、「緣起法」、「四聖諦」、「八正道」，所有攸關於人產生煩惱痛苦的原因和達到解脫、自在、清淨境界、彼岸之道的修行方法。

佛陀在世時，傳法四十五年，佛滅度後，佛陀的思想由他的弟子們傳承到後世，成爲今天的佛教。在佛教的發展過程中，留下了許多動人的高僧故事。

除了《景德傳燈錄》記載著所有禪宗各支歷代高僧學佛得道的故事之外，《大藏經》五十卷的〈高僧傳〉、〈續高僧傳〉裡也記載很多歷代大師傳記典故；此外，還有印度、西藏、日本等地大師的故事。通過閱讀過去大德諸賢的故事，可以讓我們對人生的迷惘問題得到啓發。

胡適說：

「宗教要傳播得遠，

佛理要說得明白清楚，

都不能不靠白話來推廣。」

這套高僧小說也繼承這使命，以小說的方式講述高僧的故事。讓讀者能透過這些歷代高僧的故事，得以啓發人生大道。相信做爲一個中華民族的後代，身在儒、釋、道思想的傳統文化背景下，如能透過高僧小說多了解佛教思想，對自己未來人生之路的導引和思考，必定能獲得很大的益助。

以師志爲己志

在還沒有寫這本書之前，除了知道慧遠大師是淨土宗第一代祖師之外，我幾乎是完全不認識這位大師的；突然之間要寫他老人家的傳記，憑良心說，實在是很心虛。

但在果光法師及月文、淑玟兩位好友的鼓勵下，我接下了這份「重責大任」，誠惶誠恐地開始細讀大師的生平記載和相關著述。多次在閱讀中，熱血湧沸、熱淚盈眶；不是自己的感情太豐富，而是大師的一言一行、所思所想，都如當頭棒喝，敲醒了我蒙塵怠惰的心性。因此我常對朋友說，寫這本書，自己的獲益最大！

這許多年來，我一直「好爲人師」，也「忝爲人師」。當面對孩子時，心裡最大的慨嘆是——具足「弟子相」的好學生難得；偶爾碰到幾個，便視若珍寶，恨不能「長相左右」。而望子成龍、望女成鳳的父母呢？最大的感嘆是——眞正的好老師難求。要是有幸遇著一、兩位，眞比中了什麼大獎還欣喜萬分。自己雖然不是什麼好老師，卻盡想挑好學生教；自己雖然不是什麼好學生，卻老怪運氣差，遇不到好老師；如今看看慧遠大師的行止，才知道該有多慚愧了。

大師稱得上是古今中外少有的好學生、好老師，自從他跟隨名聞當時的道安法師出家後，就一心「以師志為己志」，時時刻刻「恐大法將亡矣」，以最宏大的願心和精勤努力的修學態度，來報答師恩，是道安法師座下最有成就的一位弟子。在他成為別人的老師之後，又以端正嚴謹的身教和如禮如法的言教，領導一個肅然有德的僧團，諄諄教誨眾多的出家及在家弟子，為當時紛亂敗壞的社會風氣，注入一股修行的清流。而一千五百多年後的現在，有多少學生，能時刻憶念師恩，勤勉不輟？又有多少老師，能以端正的身教和言教，慈心不倦地教化學生呢？每思及此，便生起慚愧心和警惕心，願以大師為表率，以懇切的言行化育幼苗；並時時自勉，精進修行，做如來眞實第一弟子。

寫完這本傳記後，曾經拜託自認程度不錯的女兒「指正」一下，她讀了幾頁，有點爲難地對我說：「不是太好看，有點嚴肅。」我笑一笑，努力地對十一歲的她解釋：

「因爲這位大師是比較嚴謹的修行人，一生沒有說過一句無聊的話，或者是好笑的『腦筋急轉彎』，也沒有什麼奇妙懸疑的故事，就是這樣老老實實地用心修行，所以……。」

「喔！我知道了，要像他那樣天天努力、天天用功，才能當大師。好吧！那我再繼續看完好了。」

看來，女兒還滿有「悟性」哩！

希望這本書，能幫助每一位大朋友、小朋友，了解修行與生活的意義。

佛學視窗

楔子

兩晉時代，可以說是歷史上戰火最盛的時期之一。頻起的烽煙，燒毀了城鎮和家園，也燒掉了人們追求平安和正法的希望；戰爭、苦役、賊亂、旱災、蝗禍……，這些訴說不完的苦，傾吐不完的怨，只有和著血、沾著淚，默默往肚子裡吞的分，誰也沒有力量去打破這個惡夢。在這樣的時局當中，佛法要如何傳布？僧團要如何自立？經典要如何整集？這一切，已經不是「困難」與「艱鉅」可以形容了，而慧遠大師的一生，正爲我們說明了所有的答案。

01

亂世幸運兒

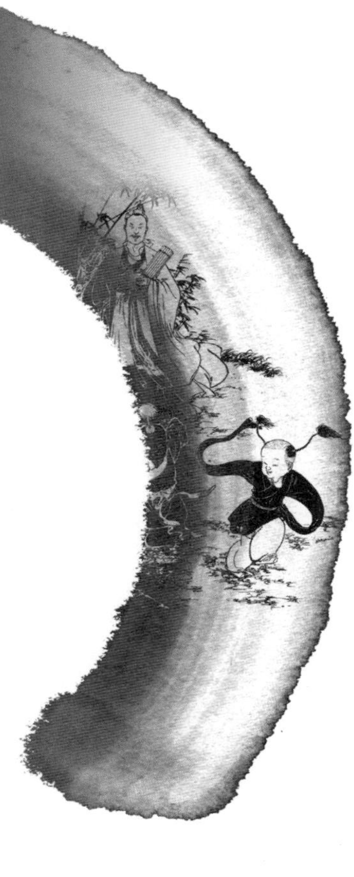

東晉咸和五年（西元三三〇年），後趙石勒統一了黃河中下游一帶的地方，並且自稱爲皇帝。第二年，東晉和後趙訂下和議，決定以淮水爲界限，南北和平共處，互不侵犯。

這麼一來，長久在戰火下求生存的百姓，總算可以稍稍喘一口氣；讓疲憊驚慌的身心，有一番休養調適的機會了。

石勒雖然是武將出身，目不識丁，個性又很殘暴，但對來自天竺（印度）的和尚佛圖澄❶，卻非常地尊崇。這是因爲佛圖澄大師，不但能洞悉他心中的所思所想，更能準確地預測局勢變化，因此對於佛圖澄的話，石勒十分信服。凡是石勒想殺的人，只要佛圖澄出面，便能救回性命。由於皇上對佛圖澄大師的崇敬，使得一般百姓也紛紛皈依❷佛門，信仰佛教，佛教便很快地在中原廣爲流傳。

但這段烽火平息的日子，只維持了幾年。石勒在咸和九年（西元三三四年）過世了，由兒子石弘繼任王位。同年十一月，石勒的姪子，也是身邊最寵信的大將石虎，乘機殺了石勒的兒子，自立爲帝，政局從此又開始紛亂不

安，百姓們的生活就更加艱苦了。

成爲後趙皇帝的石虎，性情十分暴烈，才德也遠不如石勒，爲了滿足自己狩獵的興趣，在中原地區開闢廣大的獵場，嚴重影響了人民的農事生產。又在洛陽和長安，徵選數以萬計的壯丁去服苦役，爲的是替他修建華麗的宮殿庭園。百姓在他殘暴無道的統治下，簡直不知該如何生活，在走投無路之下，只好聚集反抗，戰火再度在中原燃燒起來。

幸好，石虎雖然是個行事惡逆的暴君，不過對於佛圖澄的尊敬，比起石勒是有過之而無不及，百姓學佛出家的風氣很盛，佛圖澄門下的僧徒也多達上萬人；除此之外，他對漢地的儒家經學也很仰慕，這對於世世代代以書以禮傳家的士族來說，眞是最難得的好消息，也帶給了他們一線生機。

就在這一年，位在山西靈峰五台山❸的山腳下，一戶賈姓的仕宦人家，誕生了一個白胖可愛的小男嬰。嬰兒一出生就有力地舞動著四肢，彷彿想和未來的險局挑戰一般；誰也不曾想到，這個在亂世中出生的孩子，將來就是擔負弘傳佛法重任的慧遠大師啊！

三年後，賈家又多了一個胖嘟嘟的小弟弟，長大後竟也跟著哥哥出家，爲慧持法師。

打從兩兄弟懂事開始，父親就捧著書，一字一句地教他們念。兩個小不點，常常是一邊玩耍，一邊喃喃地背誦著四書五經。兩人從小就非常好學，領悟力也很高，尤其是弟弟老喜歡跟著哥哥讀書誦經，讓做父母的，感到很安慰。外在苛刻的暴政和頻繁的戰爭，對他們似乎並沒有什麼影響；除了生活清苦些之外，兄弟兩人的童年，仍然是充滿了歡笑與快樂的。

到了穆帝永和二年（西元三四六年）慧遠十三歲那年，有一天上午，舅舅令狐先生忽然神色緊張地來到家裡，對父母親說：「不得了啦！城郊的村子被流寇洗劫一空，最後一把火將整個村子燒成灰燼，唉！不知道什麼時候會輪到咱們這裡？看這情勢，恐怕不出幾天還有更大的亂子呢！姊夫，不如趁早合計合計，移往許昌去吧！」

「這……這個……。」慧遠的母親聽了這話，心中十分猶豫，一時不知該

怎麼回答。倒是父親，考慮了一會兒，便很鄭重地對著舅舅說：「近來外面的情況，的確是愈來愈不安。我也聽說有不少讀書人結伴到許昌和洛陽去遊學，爲的是希望日後求得一官半職，如果眞是這樣，我這兩個小子，就麻煩你一同帶去，讓他們多念點書，將來也好有出人頭地的機會。」

令狐先生點點頭，又接著說：「姊夫的這番話，正說中了我的心。依我看，現在的皇上喜歡讀書人，唯有飽讀經籍，才有可能踏上仕途，而許昌和洛陽又是經學盛地，是該讓兩個孩子去多學點東西。那麼，我們就約個日子，大家一起同行吧！」

「不、不！我們兩個老的身體不好，體力也不適合長途跋涉，還是待在這裡來得安穩，孩子就要拜託你了。」父親搖搖手，很堅決地說。

「嗯……也好，我就帶他倆先去，等求得了功名，再回鄉來迎接姊夫和姊姊吧！」

就這樣，十三歲的慧遠和十歲的慧持，跟隨舅舅令狐先生，來到了學風興盛的許昌和洛陽。兩兄弟年齡雖小，卻有極強的求知欲，這段期間，他們用心

攻讀六經等儒家經典，以及老、莊之學，更經常接觸居住這一帶的儒者。

這一段兩地遊學的歲月，眞是悠遊自在啊！

然而，就在同一個時期，卻有十多萬名役夫，被瘋狂暴虐的石虎驅趕到洛陽，爲他大修宮室，營建庭園，死者數萬人，傷者更不計其數。這麼一比較，慧遠和慧持這對兄弟，眞算得上亂世中的幸運兒了。

❖ 註釋 ❖

❶ 佛圖澄：相傳於西晉永嘉年間由天竺來到中國，見戰爭中的百姓痛苦不堪，遂晉見石勒，為百姓請命。他一生收有弟子近萬人，影響中國佛教深遠。

❷ 皈依：回轉、依靠佛、法、僧三寶，是成為佛教徒的一種儀式。

❸ 五台山：又名清涼山，中國佛教四大名山之一。

02

緣熟出家

後趙的政權並不十分穩固，爲了爭奪帝位，石氏兄弟、父子間不斷地相互殘殺。佛圖澄與皇室走得很近，對種種權力鬥爭也看得很清楚，雖然經常提醒他們，但註定要發生的悲劇，仍是難以免除。暴虐的石虎於晉穆帝永和六年（西元三五〇年）時被殺，原本就不穩的政局一片大亂，盜賊匪寇趁亂四處流竄，再加上連連的旱災和蝗禍，中原地區已成了一個慘不忍睹的人間地獄。

荒野中，暴露在烈日下的死屍隨地可見，而苟活的飢民卻更可憐，刨完了樹根只有呑草屑，甚至還有搶食人肉的慘事。原本就已經飽受摧殘和奴役的百姓，如今，更如同活死人一般，僅剩一口未斷的微弱氣息了。

許多飽讀詩書、心性仁厚的儒生們，眼看這幅悽慘的景象，又苦恨自己無力救拔，只有紛紛向南遷移；至少，那兒還不是地獄，勉強總可以安身立命。

時間一轉眼就過了八年，永和十年（西元三五四年）在洛陽全心向學的慧遠，見到北方時局動亂不堪，戰火不斷，細細地考慮之後，決定渡江南行，去尋訪自己心中一直很崇慕的一位儒生前輩范宣子先生，並計畫從此跟隨范宣子學習，退隱山林。

范宣子是河南陳留人，十歲時就能讀誦《詩》、《書》，他讀遍經、史、子、集各家學說，尤其精通三禮❶。很特別的一點是，他博覽群籍的目的並不是爲了做官，朝廷幾次詔他擔任官職，都沒有就任。他從小立志過著隱遁的生活，經常講學，當時的名人，像譙國戴逵等，都慕名而來聽講，名聲遠播華北一帶。

「哥，大家都傳誦，說范宣子先生是苦學出身，學問和修養都高深莫測，只是不知他退居山野後，是不是還在講學？我們這麼千里迢迢地去探訪他，希望不會失望而回。」

在南下休息的途中，慧持找了個機會，這麼對哥哥說。

慧遠遞了條毛巾給弟弟擦擦汗，輕鬆地笑了笑說：「別擔心這麼多了，其實我心裡早已經打定主意，不論范宣子先生現在是否仍在講學，我都要去拜望他。他老人家最讓我敬仰的，不只是他淵博的學識，還有他重孝道、守禮義的道德人格。這些在時下紛亂放誕的風氣中，實在是太可貴了。」

年輕的慧遠，非常看不慣當時喜歡依附強權、逢迎奉承的風氣，或是故作高妙、談玄論辯的種種怪風，眞正使他崇敬的，是道德修爲高潔的士人。

可惜，愈向南行愈難行，賊寇四處燒殺破壞，南下的道途都被阻斷了，兄弟倆不得不暫時放棄求訪范宣子的念頭。就在他們失望萬分的時候，同行的人告訴了他們一個大消息，就是佛圖澄最得意的弟子，當時極受世人敬重的道安大師，正在不遠的太行恆山講學。慧遠兄弟雖然還沒有接觸佛學，但對佛圖澄及弟子的事蹟，早有所聞，禁不住想一探究竟，於是立刻決定轉往恆山去聽講。

當他們到達太行恆山道安大師的道場，才知慕名前來求法的人絡繹不絕。他們很幸運地被引見給道安大師，很快地便爲法師的氣度所深深吸引。名盛一時的道安大師，在見到年輕的慧遠和慧持兄弟時，非但沒有藐視後輩的態度，反而很親切地向他們點頭微笑，並且詳詳細細地回答了慧遠所提出的問題。道安大師不但精通佛教經典，對儒學的造詣也很深，他由儒學引導慧遠兄弟進入佛法的領域，慧遠兄弟深深爲之折服。

道安大師的舉止言談，震撼了慧遠渴望追求眞理的心。他忽然發現，自己以前苦苦追尋的學問，原來尚有許多不足，而眼前這位法師所談論的佛法，竟

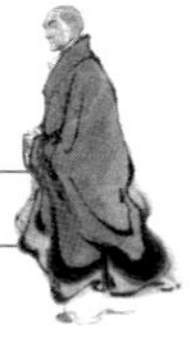

然是這樣的圓融通達！他不禁想更深入地了解佛法。因此，他便留在恆山，天天聆聽道安大師講解《般若經》❷。

「我們所見到的有形、無形世界，或物質、精神世界，都是因緣和合而產生的，是會變化的，是虛幻而不眞實的。」道安大師強調：「只有超越一切現象爲實有的觀念，才能把握佛法的眞義，達到自在解脫的境界。」

慧遠從年幼時開始，便深入研讀儒家的學說，稍長接觸道家的學問，對於崇尚「無爲」的老莊思想，非常佩服。如今聽聞這部《般若經》，很快就體悟到經中「一切皆空」的義理，更勝過所有辯答的空談。他忍不住發自心底歡喜地笑了，慶幸自己終於在浩瀚的宇宙當中，找到了眞實安穩的方向。

原本有歸隱念頭的慧遠兄弟，在見到道安大師及弟子們過著簡樸的生活，努力修行，絲毫不爲外在的戰亂而憂慮後，因而更堅定自己的想法。從所聽到的義理中他們了悟到，在亂世中，唯有佛法能幫助自己及他人，安定內心，獲得眞正的平安。他們也體認到，退隱到山中讀書，只是逃避現實亂象而已，眞正該努力的，不僅是自己痛下決心精進用功，更要將佛法宣揚到各地，好讓更多受難的百姓，得以平安度過亂世。

兩兄弟經過一番的討論，決定相偕跟隨道安大師出家習法。出家後，他們也眞如自己所期許的，日以繼夜地用功，兄弟倆相互鼓勵，砥礪切磋。在往後追隨師父的二十五年時光中，慧遠以他宏大的願心和嚴謹的苦學態度，成爲道安大師最得意的弟子。

慧遠、慧持這對兄弟，在太行恆山出家的消息，不久就讓舅父令狐先生知道了，他實在不能理解，原本是要投師范宣子，怎麼跑到山上當和尚了？將來要如何向他們的父母交代呢？想到這些，他不禁十分憂心，趕緊上山，想了解其中的實情。

這天，道安大師也在寺中，得知令狐先生來訪，便親自接見他，很親切地與他談話。道安法師一方面問及慧遠兄弟的生活背景、童年情況，另一方面也讓令狐先生了解，兄弟倆目前學習的狀況。令狐先生談到兩兄弟從小資質穎慧，領悟力高，又刻苦用功，臉上不禁露出歡喜的神色；再聽道安大師說到兩

人在此找到了修學的方向，更能安下心來，深入經藏，原本急切憂慮的心，便逐漸平復下來，才想進一步地了解一下，出家的心態與意義。

「出家是將佛陀所流傳下來的教導，認眞確實地去理解、實踐，逐漸變化內在的思想、觀念、品格，改變外在的言行舉止。在亂世中，也必能處之泰然，不爲外在環境所苦，更能教導他人、幫助他人，過著清心自在的生活。」道安大師緩緩地說道。

令狐先生聽了道安大師這麼一說，懸在心中的一塊大石頭，終於放下了。多年前，千辛萬苦帶著慧遠兄弟到許昌讀書，不也是希望他們能有出頭的一天。如今，局勢動盪不安，能尋得一條安身立命的路，也非常令人歡喜。

聊著聊著，慧遠和慧持都到了，他們向師父和舅舅行過禮後，就恭敬地站在旁邊。

令狐先生捋捋鬍子，笑呵呵地對兄弟兩人說：「原本我還有些擔心呢！現在見到道安大師，了解出家的生活及意義，才覺得你們兩個眞有福氣。你們要好好努力，千萬不要辜負了師父的教導，及這難得的因緣啊！」

「舅舅的教誨，我們一定謹記在心，絕不會讓您失望的。」

令狐先生聽了慧遠的話，很安慰地點點頭說：「嗯，只要肯努力、不怕苦，必定會有成就，以後我會常來看你們的。」

說完，令狐先生便起身告辭。到了三門外，令狐先生從衣襟夾層拿出一些銀兩，塞進慧遠和慧持的手裡，並且殷殷地叮嚀他們一些生活上的瑣事，說著說著，眼眶不禁紅了。

「出家不同在家，凡事都要多向師父學習。現在外面的局勢一天亂過一天，誰也不敢想明天的日子會是什麼樣兒，你們……要好好照顧自己……。」

這一次分別之後，他們舅甥再也沒有機會見面。動亂和戰火，使得百姓們只有在流離奔逃中求生存；和親人失去聯絡，根本就不是什麼奇怪的事了。

失去了舅舅的訊息，同時失去了最實際的生活接濟。在當時，出了家住在寺院中，寺院僅能提供非常簡陋的衣食用具，若有家人在金錢上接濟，生活便能改善一些。兄弟倆失去了接濟，就只能過著清貧的生活；幸好，慧遠和慧持這對兄弟並不怕貧困，只要飯能充飢，衣能遮體，屋能避寒，他們依然能在最艱苦的環境中用功向學。

到道安大師門下求法的弟子日益增多，同輩之中，慧遠兄弟與一位名叫曇翼的師兄交情最好，經常在一起討論佛法，心中時時充滿了喜悅，不知不覺地忘了生活的艱苦。

一天傍晚，太陽已將西下，天色昏沉沉的，什麼也看不清楚了。曇翼走過長廊，看到慧遠、慧持的身影，正在前面晃著，走近一看，原來兩個人還捧著經書在讀誦呢！

「天快暗了，怎麼看得到字呢？眼睛可要累壞啦！還是晚上點起燈再讀吧！」

曇翼好心地提醒他們，慧遠並沒有回答什麼，只是微笑地點了點頭。曇翼心裡覺得很奇怪，但又不便再說些什麼，就默默地離開了。

隔了幾天，曇翼經過慧遠兄弟的寮房❸前，雖然聽到裡面有聲音，屋裡卻是一片黑漆漆的，忍不住便說：「慧遠、慧持師兄，怎麼不點根蠟燭說話？房

裡伸手不見五指的，小心碰桌撞椅，太危險了。」

木門「咿」的一聲打開了，慧遠見到曇翼，很高興地說：「是曇翼師兄！要不要進來小坐一會兒？」

曇翼持著蠟燭走進去，看到房裡除了床板，什麼都沒有。硬硬的木板上只墊著一條破草蓆，還有一床又舊又薄的棉被；既沒有升著暖火的炕，也沒有厚實的暖被褥，眞叫人看了不忍哪！

「你們……這是……。」

眼前的景象，讓曇翼驚訝得說不出話來，三人相識這麼久，從來沒聽見慧遠、慧持抱怨過生活的困苦，直到今天，才見到他們貧窘的情況。

這一夜，三人談得很晚，曇翼才知道慧遠兄弟在經濟上已斷了接濟，以及他們安貧樂道的生活態度。曇翼離開時，心裡除了由衷地敬佩之外，更多了一份感動；他知道，任何外在環境的折磨，都難不倒這對求法心切的兄弟了。他相信兩人能在艱苦中悠然自在，將來的成就一定不同凡響。

從此，曇翼便時常找機會，默默資助慧遠和慧持，以供他們買燈燭，使他們能更加精進用功。

曇翼原不希望幫助兩兄弟的事爲人知道，然而事情還是慢慢地傳開來了，最後連道安大師都知道了這樁美事，道安大師對弟子間能相互關懷、協助，感到非常欣慰。

有一次，全寺的僧眾們聚集在殿中，專心聆聽道安大師開示時，道安便對著大眾讚許曇翼：「能這麼做，實在是有知人之明啊！」

這話不但誇獎了曇翼，同時，也在讚美慧遠、慧持兄弟的才學。這一段眞摯的同窗情誼，是多麼溫馨又令人羨慕啊！

❖ 註釋 ❖

❶ 三禮：《禮記》、《周禮》、《儀禮》三本儒家古籍。

❷《般若經》：全名《大般若波羅蜜多經》。般若是智慧的意思，本經旨在闡

釋世俗的一切現象皆是暫時、虛妄的，唯有透過「般若」才能看清這一點，進而達到解脫的境界。

❸寮房：佛寺中僧人的寢室。

03

代師講經

出家後的慧遠法師，非常用心地隨著師父習法，以他的領悟力，及過去的基礎，才三年的工夫，已經有相當的成就了。雖然他平日只是努力自修，並不在意自己的造詣有多高，但道安大師看在眼裡，已很清楚他不凡的睿智穎慧。

有一次，道安大師在寺中主講《般若經》，剛講了幾天，就覺得不太舒服，好像是受了風寒，連起身都顯得很虛弱，哪能上殿去講經說法呢？

隔天清晨，弟子們探視過道安的病情，心裡十分憂慮。一來是擔心師父的身體；二來是焦急開講的時刻就快到了，廳堂上求法的徒眾還在等著，這該怎麼辦呢？

「快！快去請慧遠來見我。」大家正在束手無策時，道安大師忽然勉力撐起身子，對身旁的弟子說。

不一會兒，慧遠急急趕到了病榻前，道安只簡單地吩咐他：「待會兒要講的是『實相』，你就代師父去講述吧！」

「師父，我……這個……。」

慧遠不敢置信地看著師父的病容，不知該說什麼才好？以師父的病情來

看，是絕對無法上殿講經的，但自己才不過出家三年，只是個二十四歲的年輕比丘❶，怎麼敢擔當這講解經典的重任；一時之間，慧遠竟有些不知所措了。

「別怕！別急！師父要你代爲講經，你只管放心大膽去講，一定可以勝任的，咳咳！咳！師父想休息了，你快去準備準備，時間也快到了，別站在這裡發楞啊！」

道安以虛弱病聲囑咐了慧遠幾句話，便閉目休息，不再開口。慧遠只好恭敬地退下，硬著頭皮轉向講經的殿堂走去。

既然已接下了這個重任，緊張、擔憂不但無用，反而會害事，慧遠明白這個道理，鎮靜地坐上大椅，翻開經書，從容不迫地準備開始講解「實相」的意義。

有人看慧遠這樣年輕，又沒有什麼名氣，竟能坐上大座講經說法，不禁起了懷疑和輕慢的心，很無禮地在下面交頭接耳起來：「聽說道安大師身體不舒服，不能親自來講經，才讓這個年輕法師上台代講，不知他到底行不行哪！」

「別的經也許他還能講，這部《般若經》不容易喔！尤其談的是『實相』，這種高妙的義理，恐怕不是一般法師能講得了的。」

「好了！別說了，咱們倒是聽聽這年輕的法師，怎麼解釋這麼深奧的妙理。」

大家嘰喳了一陣子，才慢慢安靜下來。

座上的慧遠，早已知道眾人的心思，他並未動怒，也不慌亂，沉穩地解釋什麼是「實相」：

「實相的原義，可說是本體、實體、眞相、本性等；引申爲一切萬法眞實不虛的體相，或眞實不變的道理。我們平常所見到、所認識的一切現象，都是假相，都是隨著因緣變化而轉變的，只有突破世俗的認識，才能顯現諸法的眞實現象，所以稱爲實相。」

這樣的觀念，在當時是很難令人了解、接受的，在場的聽眾提出很多的問題請教慧遠法師。法師引用其他的經典，如《法華經》❷中的「諸法實相」，來說明一切法如實之相，或者說一切法因緣和合而存在，也就是「緣起」的意思。

羅揭
從聞思
潮音
人間
有希

然而儘管慧遠法師引經據典，幾乎說破了嘴，台下的人仍然彷彿「鴨子聽雷」般，茫然不解地望著他。

於是，他試著用更簡單的方式來講解。

「我們自己本身或擁有的一切財物等，隨著時間、空間的變化，都是會轉變的。例如，我們出生時只是個小嬰兒，後來慢慢長大，也漸漸變老；所以將時間拉長來看，現在的我，不是眞實永遠的。又比如我們和家人、朋友的關係，也會變化，陌生的人，可能成爲好朋友；現在的好朋友，過幾年因爲不在一起了，交情也慢慢淡了，現在的『好』換了時空，就不存在了。所有一切接觸到的人、事、物，都是暫時存在的，都會因時間與空間的不同，而有所改變，這才是『實相』。」

聽眾中有的對他的說明，已能體悟，佩服不已；有的則還是一臉茫然，反覆再三地提出相關的問題，請慧遠再作更進一步地解釋。

最後，慧遠便以《莊子》一書中的例子，對大家說明現象的相對觀念。

「例如砍下一棵樹，做成一張書桌，就樹來說是被毀了，但對書桌來說是

成了，所以是毀相或是成相，並不是絕對的，只有當貫通各種相時，才是眞實相。莊子所說的『凡物無成與毀，復通爲一』，正能解釋『無相之相，名爲實相』的觀念。」

就在這樣完整又精闢地解說之後，所有在場的法師和信眾們，當下都徹底了解「實相」的眞義，因而感到全身洋溢著法喜充滿的喜悅，對慧遠法師也是無限的讚歎之意！

事情過後，道安大師對慧遠能用佛經以外的典籍，來比附說明佛理，相當肯定，也允許慧遠引用其他的典籍，解釋經典。除此之外，道安大師更盛讚慧遠說：「將來能使佛法流傳在中國的，便是這位慧遠了。」

❖註釋❖

❶比丘：出家人中受過具足戒的男眾。

❷《法華經》：全名《妙法蓮華經》。以詩、譬喻、象徵等表現手法來讚歎佛陀，是佛教思想史、文學史上非常重要的經典。

04

華林園血淚

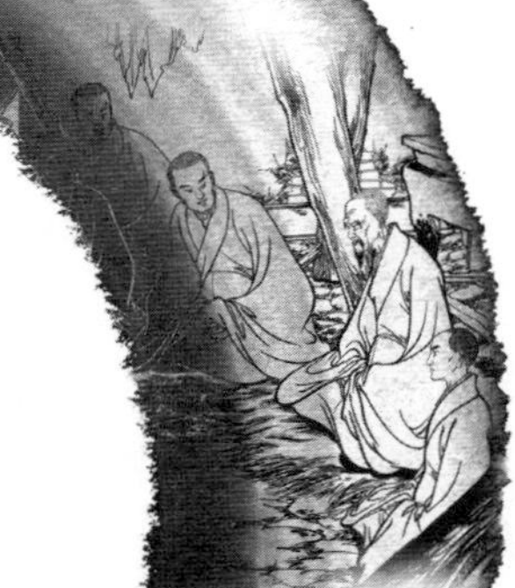

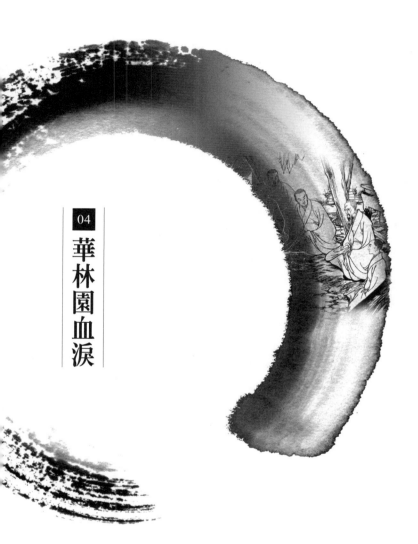

自代師講經以來，一轉眼又過了幾年，慧遠沒有一日不是刻苦精進地努力修學。只是，外面的局勢愈來愈動盪不安，想要平平靜靜、安安心心地修行度日，似乎已經是不太可能的事了，道安大師的僧團就這樣隨著時代的動亂不斷地遷移。

早在永和五年（西元三四九年），命運多舛的後趙，在歷經數次的變亂之後，由彭城王石遵坐上帝位。一向很尊崇道安法師的他，便立刻下旨，迎接道安大師，到鄴城的華林園居住。

華林園的幽靜華美，是世人有目共睹的。在一個戰亂頻繁、各種災變不斷的時局中，誰不希望能住進華林園——哪怕是只有一天，也強過在外面千日啊！

爲了安置道安和他的弟子，石遵又下了一道命令，要奴工們在最短的時日內，增建許多新的房舍，好讓道安師徒們，在華林園中住得舒舒服服。

這樣的榮寵，實在是誰也不能相比了。但道安的心中卻並不歡喜，反而感到十分無奈與痛心。因爲這華林園的幽美，是由十六萬百姓的血汗、淚水鑿

刻出來的；華林園裡的堂舍樓閣，都是以他們的白骨做爲基石，想到這些，道安大師如何能安居在這華苑之中呢？

不久，冉閔造反，爆發了驚天動地的「冉閔之亂」，將所有後趙石姓皇族的人，全都殺得乾乾淨淨。道安便帶著幾百名弟子，乘機離開華林園，來到太行恆山，也在此時，慧遠兄弟投入道安門下。

到了昇平三年（西元三五九年），旱災蝗禍，再加戰亂，道安大師不得不帶著慧遠等五百名弟子，離開太行恆山向王屋女林山行去。

一路上，師徒數百人默默地忍受著霸氣的驕陽，誰也不曾開口說過話。沿途所見，全是一片枯黃焦裂的景象；昔日綠油油的田野，如今寸草不生，連枯乾的樹皮，都被飢餓的災民們剝光了。龜裂成不規則圖形的大地，每一道細細長長的裂口，都彷彿一張張哭不出聲音的嘴巴，對著天上炙熱的太陽，發出無言的抗議。

路旁，不時可以看見倒臥在地的飢民或死屍；那些皮包著骨，又黑又髒的活人和死人，爲這個動亂不安、災禍四起的時代，添上更多的哀悽。沒有人有多餘的力量去照顧他們或是埋葬他們，只有任由他們自生自滅了。

這天傍晚，師徒一行數百人，靜坐在一間荒廢的佛寺大殿中休息。一個瘦瘦的小徒弟，累得垂下頭，像是快要打瞌睡了。旁邊的大個子用手肘推推他，輕聲地說：「別睡啦！瞧我們師父都沒喊累，你怎麼就先打起盹了？」

「噓！小聲點！」

黑黑瘦瘦的小師弟趕緊坐直了身子，壓低嗓子回答：「我沒睡，只是快餓得吃不消了，兩條腿也僵得像木棒子似的，怪難受的。唉！想起以前住在『華林園』的時候，哪吃過這種苦啊！」

話才剛說到這兒，坐在遠處的道安大師，像是知道大家的心事，忽然開口說道：「自從離開『華林園』之後，一直處在不安的狀態，這一路行來，既沒有像樣的東西可吃，也沒有地方可住，師父知道，大家都辛苦了。不過，即使後趙末亡、鄴城未亂，師父還是會帶著你們離開『華林園』的。」

「師父，這……。」

有人不明白道安話中的深意，正想請問師父，道安又擺擺手，示意大家安

靜下來，繼續說：「多年前，石虎徵召了十六萬人民，在鄴城興建『華林園』。爲了在限時之內造好這座富麗堂皇的庭苑，不知有幾萬人喪生在園中；那園中的一草一木、亭台樓榭，都是他們的血淚啊！而後，石遵爲了安置我們師徒數百人，又在園中加蓋了不少房舍，這，更增加了爲師心中的不安。」

「雖然，在這樣的亂世當中，不依附國王、不接受君王的供養，似乎難以將佛法推展開來，但是在華林園的那段日子，見到每一棟屋舍、每一塊磚、每一片瓦，都讓我坐立難安，我怎能踏著無數的生命及血淚而生活？」

這一番話震撼了弟子們的心，更讓靜坐在道安大師身旁的慧遠法師深深地感動。不貪求安逸舒適的日子，一心只想到眾生的苦難，更投入全部的心力，試圖以佛法幫助他人，他終於明瞭師父偉大的地方。

此刻，慧遠法師年輕的心中已明白，效法道安師父弘法的悲願，將是自己未來該走的方向。

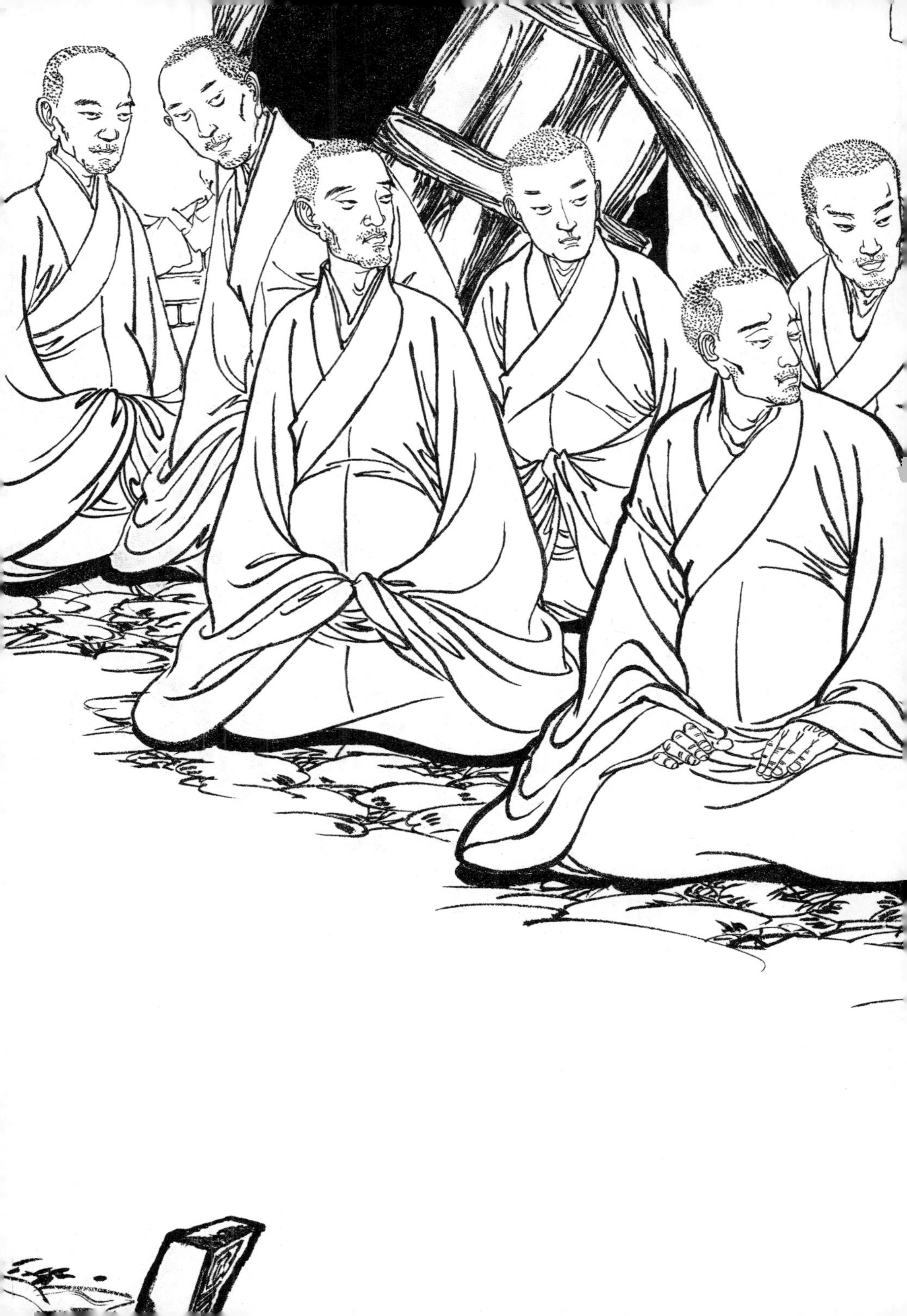

05

新生命的開始

未來的路雖然艱苦難料，但是道安師徒數百人，卻依然毫無懼色地向前行進。不久，他們到了山西的王屋女林山，打算在這裡耕樵而食。

「師父，這座山的土質貧瘠，附近又沒有什麼水源，實在不適合耕種。就算勉力去做，收成恐怕也不足以供給我們這麼多人食用啊！」

慧遠詳細觀察過山裡的情形後，便向道安大師報告自己的看法。

「如果眞如你說的這樣，那我們該盡早尋覓另一個更合適的地方。只是，不知該往哪裡找才好？」

「記得我童年時，因爲躲避戰亂，曾和弟弟慧持兩人，隨著舅舅令狐先生，從黃河北岸逃到南岸的許昌，然後再到洛陽。那一帶的環境，比這裡好些，應該可以覓得一個適宜的處所。」慧遠很恭敬地回答師父。

道安聽了立刻點頭說道：「好！那我們就渡過黃河，向南走吧！」

幾天後，他們順利地來到河南陸渾這個地方。比較起來，這兒確實好了一些，道安便吩咐弟子，開始耕種的計畫。

可惜，安定的日子並沒有持續多久，鮮卑族的慕容恪領著剽悍的大軍，打

算經由陸渾進攻冉閔。這場即將來到的戰亂，使得道安師徒不得不再準備另尋安身的處所。

「師父，不得了！聽說慕容恪的大軍已經啓程向北出發，不用一、兩天就會踏平陸渾，我們再不走，只怕來不及了。」

不斷有弟子焦急地來向道安報告外面的情況，看來，離開陸渾是愈快愈好了。

在倉促忙亂之中，道安又帶著幾百名徒眾，無奈地向襄陽前進。

這一路兵荒馬亂，人心惶惶，災民們像潮水般地擁塞在各條通路上，情形比想像中更糟、更亂。道安內心暗暗思量著：「這一大群形容落魄的人聚集同行，實在有些不妥，萬一被人誤會成結黨造反的亂民，那又將有一場悲慘的血腥屠殺了。不如請法汰、法和兩位師兄，帶一部分弟子分道而行，或許更安全些。」

隔天，道安與法汰、法和兩位法師商討，由法汰法師帶著一些弟子行向揚州，而法和法師率另一批人西入四川；這麼做，一方面當然是爲了安全的考量，另一方面，也希望能因此將佛法向東西兩方傳播。

至於慧遠，仍舊隨著自己敬仰的師父道安，在經過千辛萬苦後，抵達了昇平的襄陽，居住在歷史相當悠久的白馬寺中。

才到白馬寺不久，慕名前來拜師的僧徒就逐日增多，原本就不甚寬敞的白馬寺，顯然已容納不下愈來愈多的徒眾，道安和慧遠等人商議之後，決定遷往附近新建造好的檀溪寺去。

這座檀溪寺，以前是清河張殷的舊宅院，經過一番精心地設計和重建，現在已經改頭換面，變成一座非常宏偉壯觀的大佛寺了。

襄陽當地有許多富貴人家，原本就很仰慕道安大師，如今檀溪寺落成，大家更是爭相供養。有錢出錢、有力出力，很快地，在寺中又建起了有五層樓高的大佛塔[1]，不必進寺，遠遠地就能遙望到莊嚴的佛塔，令人自然生起恭敬禮拜的心。

佛寺、佛塔都建好了，但是供僧眾住宿的寮房卻還不太足夠，大家商量之後，決定再增建近五百間的僧房，完全解決道安大師和徒眾們住的問題。

一天上午，道安師徒們正專心地在研討著經典，忽然聽到寺外人聲吵雜，不

久，一名小徒弟來報告道安大師：「師父，涼州刺史帶了禮物來拜望您了。」

「哦！是刺史大人？」

道安不知刺史爲何突然來訪，便走出大殿看看。原來，這日刺史大人是特地運送了上萬斤的好銅，準備給檀溪寺建造用的。

這可眞是一份大禮啊！道安考慮了好一會兒，決定用這批上好的精銅，鑄造一尊高達一丈六尺的釋迦牟尼佛像。在佛像開光那天，慧遠還作了一首〈晉襄陽丈六金像頌〉：

堂堂天師，明明遠度。邁群挺萃，超然先悟。
惠在恬虛，妙不以數。感時而興，應世成務。
金顏映發，奇相暉布。肅肅靈儀，依依神步。
茫茫造物，玄運冥馳。偉哉釋迦，與化推移。
靜也淵默，動也天隨。綿綿遠御，亹亹長縻。
反宗無像，光潛影離。仰慕千載，是擬是儀。

如夢幻泡影
如電應作如是

這首頌，表達了慧遠法師對佛陀的崇敬，也轟動了整個襄陽城。這件事過後，檀溪寺的道安、慧遠師徒，名聲比以前更加響亮了許多。

沒多久，另一樁錦上添花的事，又發生在檀溪寺。

前秦的國主苻堅，有一天派遣了自己的親信侍者，將一尊七尺高的金箔臥佛像，送到檀溪寺。另外，還有錦緞織的佛像和金絲線繡成的佛像等禮物，都非常珍貴莊嚴。這些事都使襄陽的百姓感到驚訝又歡喜，大家爭相走告，道安大師的僧團就更受大眾所仰慕了。

雖處在戰亂，檀溪寺仍經常舉行法會，法會期間可不比平常，寺中不但各處懸掛著五彩的幢幡，那一尊一尊珠玉瓔珞鑲飾著的佛像，更令人讚歎恭慕。然而最重要的，還是道安大師的講經；大師對經典淺顯易懂的解說，使得參與法會的人，都覺得受益匪淺。

在檀溪寺的十五年間，道安大師費了許多工夫，將深奧難懂的經典，加以註釋，希望後世的人看了註釋，便能理解經典的涵義。當時的經典流傳，並不普及，道安大師更蒐集各種版本的經典，再互相比較、對照，做成我國第一份佛經總目錄——《綜理眾經目錄》。而慧遠就跟在道安法師身旁，一方面協助道安大師，另方面從中學習、吸收師父在佛法上的精華。在日常生活上，慧遠更是嚴謹地遵守著老師的教誨，一點也不敢鬆懈怠惰地精進修行著。

在襄陽檀溪寺裡，慧遠度過了生命中一段平安祥和的日子。這一段難得的美好歲月，使慧遠個人的修持和思想境界，都更上了一層樓。

然而，生處亂世的道安大師及徒眾們，雖然能安穩地度日，卻也早已準備著，隨時接受另一種命運的考驗。

東晉孝武帝太元四年（西元三七九年），前秦國主苻堅遣大將苻丕，率領十萬大軍，圍攻襄陽。表面上看起來，苻堅像是覬覦東晉襄、樊這些好地方；實際上，他卻是想利用這次機會，得到道安大師這樣學識淵博、道行高深的稀世人才。

苻丕率軍進襄陽的消息，很快就傳到太守朱序的耳裡，他焦急地坐立難安，心裡不斷想著：「我是朝廷的命官，食皇祿、受皇恩，爲了堅守襄陽，我是絕對不能離開的；但是，苻丕所率的十萬悍軍，只怕我方守軍難以抵擋，到時……唉！別說我這條老命不保，多少生靈也將塗炭！」

朱序苦思了一晚，仍舊想不出什麼辦法，只好和幕僚們商議，這時，有人忽然想到：「苻堅一向敬重檀溪寺的道安大師，這次出兵襄陽，不也是藉機想奪取法師這樣的人才嗎？如今之計，還是先倚靠道安大師，才可能自保。」

「這話有理！道安大師正是我們的護身符，有他在我們身邊，就算大軍進城，也不會有難臨頭的。」

幕僚們的話點醒了朱序，他立刻派兵前往檀溪寺「保護」道安大師；深怕他一旦離開襄陽，那麼，不就等於失去了最可靠的「免死金牌」嗎？

道安早已看清了眼前的一切，他從容地將法遇、曇翼、曇徽這幾個弟子叫來，囑咐他們說：「襄陽已大難在即，師父暫時還不能離開，你們快快帶些徒眾，到江陵的長沙寺去吧！」

「師父，您老人家不走，我們怎麼能先走呢？不如，大家一起往江陵去吧！」

曇翼說著，聲音已哽咽了。道安揮揮手，嚴肅地說：「現在這緊要關頭，怎麼還有俗世人情，快去準備！其他的不要再多說了。」

弟子們紅著眼眶拜別師父；大家心裡都清楚，這一次的戰亂非同以往，今日一別，不知何年何月才能再相見了。

「爲了弘傳佛法，我們任何一個人都不能做無謂的犧牲。大軍一旦攻破襄陽，刀劍無眼，傷亡是難免的，不如趁現在能走的時候，盡快離去吧！」

「記著，到了江陵，務必讓佛法生根結果啊！」

道安大師諄諄勉勵了弟子們一番話，接著，又叫進另外一批弟子，仔細地叮嚀了許久。

慧持法師立在遠處，眼見師兄弟們都被師父叫去，分派了不同的責任或要事，只有自己和哥哥慧遠，像是局外人似的，一點事也沒有，不禁心裡發急，便到慧遠房裡對他說：「幾位師兄已蒙師父囑咐，各自在整理行裝了。爲什麼獨獨不吩咐我們呢？」

「別急！也許晚一點兒，師父就會叫我們了。你先替我把這些東西擺放好

吧！」慧遠安慰著弟弟慧持，忽然看見隔壁寮房的師兄弟匆匆回來，便探頭問他們：「怎麼了？爲什麼一副急匆匆的模樣？」

「苻丕的大軍就快到了，師父要我們即刻收拾東西，往上明寺去。另一些人，要跟慧永師兄到廬山去了。你們兩個是要去哪裡呢？」

慧遠一聽這話，心裡覺得有些納悶，但更多的是難過的感受。他大步地走向方丈❷室，一見到道安師父，就撲通一聲跪在地上，含著淚說：「師父，眼前情勢急迫，您對寺裡的師兄弟們都有訓誨囑咐，獨獨少了我，難道是弟子做錯了什麼事，讓您生氣，不把弟子當門徒看待了嗎？」

道安一手攙起慧遠，微微一笑，很平靜地對他說：「像你這樣的人才，還需要師父囑咐什麼呢？從你二十四歲那年，陸座代師父講述《般若經》開始，一直到現在，有哪件事需要師父替你操心的？如今的局面，你也應該自己處理得很好，師父是一點顧慮也沒有。將來弘法的大任，就要靠你了。」

慧遠了解師父的深意，感動得說不出話來。另一方面，道安的這番話，也幫助慧遠破除了因爲執著於師父的肯定，而產生的煩惱與不安。慧遠的心境，因而有了另一層全新的體悟。

慧遠退回房裡，一邊收拾東西，一邊考慮未來的去向，慧持卻在這時氣喘如牛地跑了進來，口裡直叫著：「太守派來的兵隊，已將師父請走了。苻丕的大軍就在城外，我們再不走就來不及啦！」

「師父——師父——。」

慧遠的聲音還沒有停歇，人已經奔到了寺外；遠遠的，他看到師父的身影在兵隊中若隱若現，轉過樹叢之後，就再也看不到了。

「秦王苻堅對師父的敬重、禮遇，是天下人皆知的，我不用再擔心師父的安危了。倒是自己，該南下或是西行呢？」

慧遠、慧持和幾十個師兄弟，背起簡單的行囊，在苻丕大軍還沒有進城之前，匆匆離開檀溪寺，開始了一段新的行程。

面對未來的路，雖然誰也不知道，那將是一段平坦順遂的康莊大道，還是坎坷難行的崎嶇小徑？但是，他們的腳步是堅定無懼的，因爲護持正法、弘傳正法的決心，任何違逆都阻斷不了！

❖ 註釋 ❖

❶ 佛塔：為存放佛遺骨所建之塔。

❷ 方丈：原意為一丈四方之室，為佛寺中住持的臥房，後引申為對住持的敬稱。

06

隱居廬山

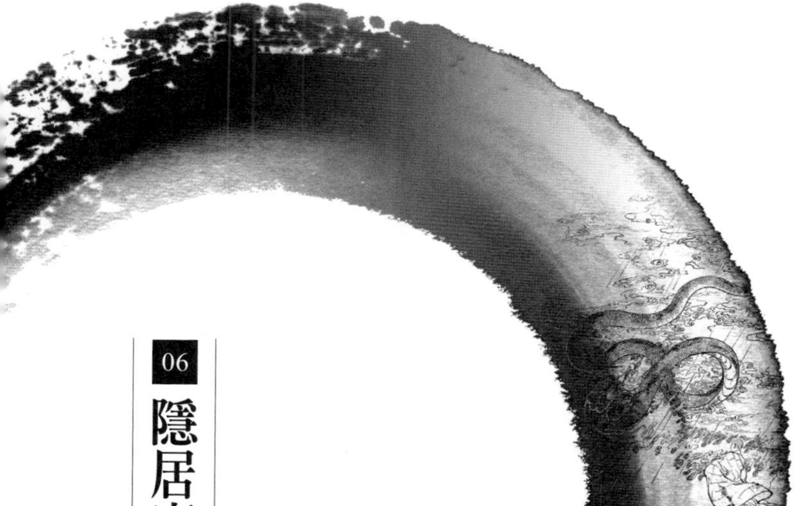

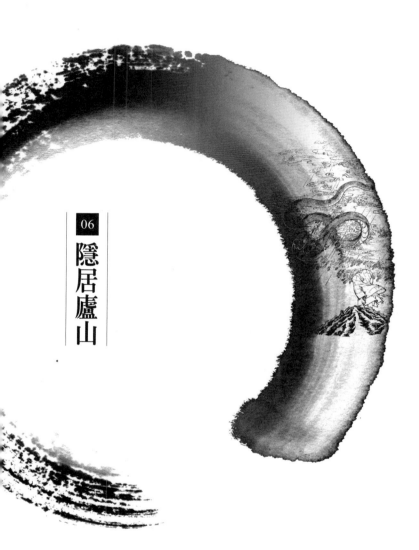

慧遠一行人在倉促中，來到了荊州的上明寺。以僧輔爲首的幾位師兄弟早先到達此地，見到他們非常歡喜，熱忱地迎接他們進寺，梳洗用齋之後，便安排他們就寢。

「實在抱歉！寺中狹小、寮房不多，只好委屈大家擠一擠了。」僧輔法師面帶歉意地對慧遠解釋著。

慧遠急忙回答：「我們幾十個人突然到來，已經給法師增添不少麻煩，請法師千萬不要再爲我們煩憂了。」

話雖然這麼說，不過一間原本睡十個人的寮房，現在得擠上二、三十個人，鋪上、地下全是一個個壯漢，也眞太難爲大家了。因此，慧遠便決定離開上明寺，再向南行。

不久，疲憊的他們來到潯陽（江西九江）附近，慧遠放眼望去，看到不遠處的廬山，秀麗奇偉，峰巒疊翠，深深吸引住他，精神似乎也好多了，便笑吟吟地對大家說：「這座山靈氣湧發，一定是個好地方，我們沿路上去看看吧！」

山路迂迴曲折，但景致卻清幽迷人，眾人行進了半天，也不覺得疲累。不久，就看到樹林深處有間小精舍，大夥兒不禁又驚又喜，趕緊加快腳步向前走去。

「啊！好莊嚴的精舍。師兄，今日我們就暫住在這兒可好？」

精舍的主人也非常歡迎慧遠一行人，但幾天之後，慧遠就發覺這裡的不便之處——原來，精舍附近沒有水源，不論是喝的水、用的水，都必須到很遠的地方去挑回來，既嫌不便，又太過勞累，大家都因此事感到有些遺憾。

這天夜裡，慧遠在房中歇息，心裡想著：「這山如此靈秀，實在是個修行的好地方；如果這裡眞的值得留下，那麼精舍附近就該有清泉啊！」

想著想著，便不知不覺地沉沉睡去了……。

半夜裡，忽然聽到窗外有人在叫喚他，慧遠披起衣服，推窗一看，只見不遠處的一棵老松樹底下，站著一位白眉白鬚的老人，滿臉微笑地向他作揖，很恭敬地說：「清泉是有，只是在等待眞心修行的聖者啊！明天一早，要勞駕您用手杖敲醒它了。」

這夢境是這樣的眞實又清晰，因此慧遠一早起身，做完早課，便拿著手杖來到松樹下，一面以杖敲地，一面誠心地說道：「如果能有清泉流出，是天助我在此山棲止修行。」

話才說完，不可思議的事情發生了！從地面緩緩冒出了許多晶瑩剔透的水珠子，滿地滾動著，愈來愈多……愈來愈多……，最後竟然匯成了一條清澈的小溪流，潺潺不絕地向低處流去！

從此，精舍附近再也沒有缺水的煩惱，大家都可以安心地修行了。

不久後，潯陽一帶發生乾旱，慧遠法師親自到池邊誦讀《海龍王經》，忽然有一條巨蛇出現在池水的上空，頃刻間大雨嘩啦啦地降了下來，解除了旱象，這一年的收成也特別豐盛。慧遠法師居住的精舍，也因而被稱爲「龍泉寺」。

在龍泉精舍住了一段時間之後，一天上午，住在廬山西林寺的同門師兄慧

永法師，來看望慧遠法師，臨走時對他說：「這精舍雖然清幽，但是地方狹小，不如到我所住的西林寺吧！」

當慧遠大師一行人搬入西林寺後，才發現西林寺的場地也並不寬敞，加上從各地前來跟隨慧遠的人逐日增多，小小的西林寺就顯得更加擠迫了。

慧遠看看寺中的情形，便找了一個機會，對慧永說：「我們這許多人擠在西林寺，給師兄帶來太多的不便；我想，我們還是該往羅浮山（今廣東境內）去才好。」

「不、不！別這麼說。西林寺窄小是眞的，不過你千萬不要離開，我知道本州的刺史桓伊，是一位很難得的大護法❶，只要把目前這樣的情形告訴他，他必定會爲我們設法的。」

事情果眞如慧永所料想的一樣，桓伊聽說了這些事，便命人在廬山東側的香爐峰下方，建造一座宏偉寬敞的佛寺，這就是歷史上很有名的廬山東林寺。

東林寺旁邊，有一道雪白的飛瀑，有如銀龍從空而降；谷中幽壑，深邃靜雅，如世外桃源。佛寺依著山形建築，四周松柏環繞，清溪潺潺。晴天時，陽

光金粉遍灑寺內寺外；雨天時，雲霧繚繞，銀珠點點，彷彿人間仙境。

這座東林寺，從此伴隨慧遠三十餘年的歲月，直到八十三歲圓寂❷爲止，慧遠一直沒有離開過這裡，不出山林，不到城鎮，平常經行❸，送客以一條虎溪爲界線。在廬山東林寺的日子，看起來是隱居修行，不問世事，實際上，卻是慧遠大師從事佛教活動，最活躍和最重要的時期。他置身於風景如畫的廬山名剎裡，一方面優遊廬山名勝古蹟，飽覽大自然鳥獸草木、山崖瀑布的美景，一方面講經論道、撰寫著作、培養弟子、延請由西方前來的法師譯經。慧遠大師並沒有因爲身處山中，而與外界失去聯絡，他和全國的名僧保持密切的聯繫，皇親官府對他都非常尊重，更展開了多方面的宗教活動。在慧遠大師的領導下，廬山成了南方佛教的重鎮，慧遠大師也成爲南方佛教的中心人物。

❖註釋❖

❶護法：保護、維持一切正法的善神、善人。

❷圓寂：生命圓滿地結束，歸於寂靜。常用於敬稱僧人的逝世。

❸經行：禪修的方法之一。練習在走路時，動中修禪，也可達到身心統一的境界。

07

爲法不爲己

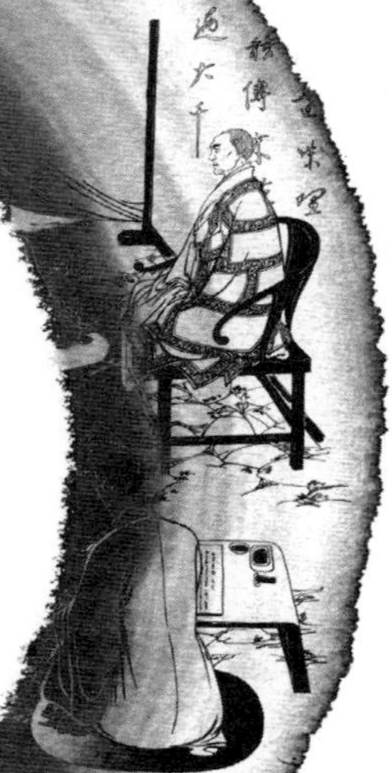

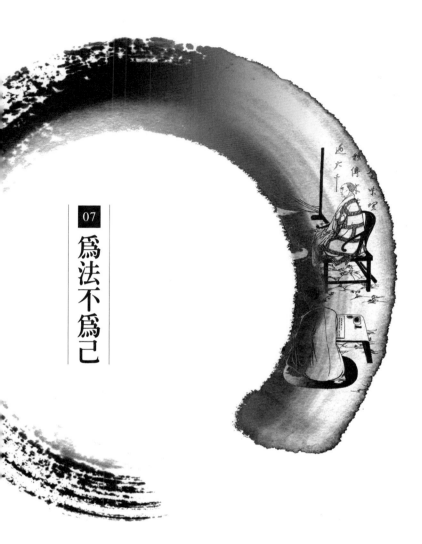

東林寺建好後的第二年，道安大師圓寂於長安五重寺的消息傳到了廬山。慧遠法師除了深感哀痛外，決心以更精進的修行態度來報答師恩，並且決定效法師父，以講學、著述、譯經和研究經典爲己任，更努力建立一個端正有序的僧團，來修學佛法、弘揚佛法，救度眾生。

慧遠大師持戒嚴謹，散發出嚴肅的神韻，讓人有想親近又自慚形穢，不敢造次的感覺。有兩個小故事，可以看出大師的這股氣質。

有一天，一個年輕的小和尚，因爲素來仰慕慧遠法師的大名，便帶著一柄精緻的竹如意上山，想到東林寺去獻給慧遠大師。

但是，當他遠遠見到慧遠肅正的威儀，便被深深震懾住，內心既恭敬又緊張，不斷地想著：「法師的確如傳聞中一般的神韻嚴整，我該怎麼表達自己的敬慕之意呢？……我……還是等明日聽完經再說吧！」

就這樣，他左思右想了兩、三天，還是鼓不起勇氣，親手將竹如意面獻給慧遠法師，最後只好將它留在桌上，默默地離開了。

這件事過後不久，又有一位慧義法師上山來了。

慧義的個性非常剛強正直，對於修學更是精勤。因此，他一直有點不明白，爲什麼大家都對廬山東林寺的慧遠法師，這樣的敬畏呢？難道，他眞的與常人不一樣？考慮了一陣子，慧義決定親自上山來，好好看個究竟。

進了東林寺，慧義法師遇到在殿外打掃的一名弟子，便和他閒聊幾句，得知慧遠法師最近正在講《法華經》，他便哈哈一笑，對慧遠的弟子說：「《法華經》中有幾個問題，值得提出來好好討論。你們見到自己的師父，什麼話也不敢說，還這麼心甘情願地拜在他的門下，眞叫人想不通。今天，就讓你們看看我的表現！」

說完，便信心十足，大步地走進講堂坐下。

不多久，慧遠法師進來了，慧義抬頭一看，覺得十分震驚。因爲當時的僧人，很流行與王公貴族相交，大多是舉止輕鬆不拘，口齒機伶，喜愛閒談玄理；而座上的這位法師，卻行容嚴整，一舉手、一投足，都自有一種懾人的風

遍大千

範，慧義不禁想道：「看這位法師的外表，的確與常人不同，不知他內在的修爲和學養如何？待會兒，還是應提幾個疑處來難難他！」

可是不知爲什麼，每當慧義想要提問題來刁難慧遠法師時，他就覺得渾身發燙，緊張得臉發紅、額上直冒汗。好幾次他抬起頭，看著慧遠法師想要說話，但心跳得比打鼓還快，根本無法開口說出半個字。直到講經結束，慧義仍然不敢說一句話。

聽完這堂經以後，慧義低著頭走出講堂，初來時狂妄自大的態度完全消失了；取而代之的，是佩服、是眞心的景仰。

慧遠大師不僅自我要求極嚴格，對弟子們的要求，也是以嚴謹著名，這在當時狂傲放肆的流行風氣中，形成了另一種不隨波逐流的道風。弟子當中有人怠惰，慧遠大師很嚴肅地說道：「你們是想讓自己像朝陽般的有生氣，還是如落日一般昏晦？落日的餘暉，是無法照耀得很遠，但願你們能如朝陽的光芒，照亮廣大的地方。」

被師父這麼一說，偷懶的弟子深感慚愧，立刻提起心力，努力用功。

在僧團當中，也有一、兩個很喜歡詩詞歌賦的年輕弟子，其中一個是僧徹，他一有空閒就獨自一人跑到後山去，攀著老松，吟唱起詩歌，在這一吟一嘯之間，也自有一種自在率真的感覺。

有一天傍晚，僧徹遇到在院中散步的師父，便上前恭敬地問道：「師父，弟子在還沒有出家之前，就很善於吟詩唱曲，直到現在，仍然很喜歡這些。只是心裡時常困惑著，不知吟詠詩賦，是否合乎修行的正法？請師父慈悲明示。」

慧遠法師正色地答道：「這些詩詞文學雖然情意優美，但卻容易牽動七情六欲，並不適宜修行人，也不合於正法。以後，你還是專心習道，把這些都放下吧！」

由師徒間的對話，和弟子們行事的態度，就可以推想到廬山僧團的肅然和敬，的確是古今罕見的了。

就這樣，在慧遠大師的調教下，這數百名弟子都深受師父的影響，絲毫不敢懈怠，刻苦修持，個個能體會處在這樣的時代，所應扮演的角色，將修學佛法、弘揚佛法，視爲生命中最重大的責任，甚至再辛苦的工作，也毫不推辭，盡全力去做，佛法因此傳得更深、更遠。

慧遠大師除了講經不輟，也著述不斷，一生中撰寫了大量的文章。著作的主題相當廣泛，體裁也非常多樣化，有論述、介紹經論的序文，也有銘文、頌贊、遊記等等。在講經論著的過程中，他對經典的流傳非常注意。所以，有關經典的蒐集工作，可說是慧遠到達廬山以後的重要貢獻之一。

他感到江南一帶的佛經不全、禪法不興，因爲頻繁的戰亂已經持續了很長一段時間，經典的錯誤或殘缺是難免的；加上大多數較爲齊全的經典，全都集中在長安、洛陽、襄陽和建康（南京）一帶，距離廬山都相當遙遠，這種種的困難，使得慧遠慨嘆不已。但不能因爲有困難，就怨天尤人，向困難低頭。

東晉孝武帝太元十七年（西元三九二年）間，有一天，慧遠大師對大眾說：「在南方一帶所能蒐集到的經典，並不完全，尤其是《禪經》❶、律藏等，更是缺乏。據說，在西域一帶藏有豐富的經典，若能前往取經，對佛法的流傳，必定有很大的助益。」

在座的幾位大弟子，紛紛表示願意西行取經，慧遠大師很欣慰，又有些擔心地說：「但前往西域的路途，可不比到其他的地方，師父擔心各位的安危。」

「師父，古人也是費了千辛萬苦，將經典由天竺北傳至西域，現在爲了求法前往西域，是死而無憾啊！」

慧遠大師斟酌再三，派了體能狀況極佳的弟子法淨、法領等人，赴西域去求法。

由廬山到西域，在當時是一段相當遙遠又艱辛的路途，加上戰亂，隨時都有生命的危險。這幾位弟子承受師命，毫無退縮的意思，以堅毅勇忍的決心，翻山越嶺，越過炎熱危險的沙漠、走過冰天雪地的寒山，經過多年出生入死的辛勞，終於求得完整的《禪經》與戒律梵本，以及《華嚴經》❷等兩百餘部經典，返回廬山。

取回梵文經典後，更艱鉅的工作是將經典譯成漢文，慧遠大師在廬山組織一個譯場，在譯經人才的延請上，費盡了心力，四處探尋懂得梵文與漢文，並且能擔任譯經工作的高僧。他心中所掛念的只有一件事，就是如何能翻譯出最完整的經典，使佛法得以廣爲傳布。

一位來自北天竺罽賓國（今喀什米爾）的沙門❸，名叫僧伽提婆，是一位博學多聞的高僧，不論言行舉止都非常謙和有禮。當他南遊到廬山附近，慧遠便誠懇地邀請他入山，花費了六年的時間，終於譯出《阿毘曇心論》❹四卷和《三法度論》❺三卷。這兩部論典都是對佛經的解釋，是很難得的資料，慧遠並爲這兩部論作序，使有心研習的人，在閱讀時感到更爲方便和清楚。

當時的江南，禪法並不盛行，慧遠大師對於禪觀的修習卻很重視。因此，對於弟子法淨、法領等人從西域取回的《禪經》，格外珍惜。這時，正巧有一位曾經在西域追隨大禪師佛大先，修習過小乘❻禪法和戒律的佛馱跋陀羅來到長安，慧遠聽說此事，感到非常歡喜，一心想禮請這位名僧入廬山譯經。

佛馱跋陀羅初到長安之時，聽說鳩摩羅什大師也在長安，便很高興地去拜望他。兩人相見之後，暢談了許久，也交換了很多習法的心得。不久，佛馱跋陀羅開始大弘禪法，跟隨他修習的人漸漸增多，這使得長安佛教界的僧官感到有些懷疑和不安，便向朝廷建議，要他盡快離開。

遠在廬山的慧遠得知了這個消息，即刻派弟子去請佛馱跋陀羅師徒四十餘人，到廬山來參與譯經。當他們一行多人到達廬山時，慧遠法師就像接待自己多年老友一般，誠摯又熱烈地歡迎他們，這使得佛馱跋陀羅深刻體會出慧遠譯經弘法的誠心。

不但如此，慧遠更派遣弟子曇邕到長安去，爲佛馱跋陀羅的言行，做一番懇切地澄清，使原先彼此間的一些誤會得以消弭。

佛馱跋陀羅終於順利地譯出了《禪經》，加上慧遠對禪修的大力提倡，江南和江東的禪法因而興盛起來，這可以說都是慧遠法師的努力所致。

還有《十誦律》❼這部經典的翻譯與流傳，慧遠法師也費了很大的心血。

原本《十誦律》是由一位名爲弗若多羅的天竺沙門，用梵文背誦出來，然後由鳩摩羅什大師轉譯成漢文，可惜工作只進行了三分之二，這位法師就去世

了。隱居在廬山的慧遠雖然從不離開山，但是這件事也很快就傳到他耳裡；除了慨嘆這樣勝妙的經典無法完備之外，只有耐心靜靜等待另一個因緣的到來了。

不久，慧遠終於打聽到，善於背誦這部《十誦律》的曇摩流支法師來到中土，他內心的歡喜是可想而知了。馬上派遣弟子祈請曇摩流支，繼續譯出後面尚未完成的三分之一，終於使《十誦律》成爲一部完整的經典，一直弘傳到今天。

慧遠法師和他的弟子們，不但以嚴謹端正的道風，成爲當世備受敬重的僧團；更因爲孜孜不倦努力於整理經典、翻譯經典的工作，使得天竺高妙的佛典和中土正確暢達的譯筆，在亂世中相結合，並且廣爲傳布，這實在是慧遠法師最偉大的功勞啊！

❖註釋❖

❶《禪經》：全名《坐禪三昧經》，為禪家名師習禪之心要。

❷《華嚴經》：全名《大方廣佛華嚴經》，為佛陀成道第二十七天於菩提樹下向文殊菩薩等宣說之法門。

❸沙門：佛教對出家人的通稱。

❹《阿毘曇心論》：「阿毘曇」指有關教法之研究，又稱為「論藏」。本著略稱《心論》，印度法勝造，慧遠、僧伽提婆合譯。

❺《三法度論》：內容分為德、惡、依三品，闡釋最終解脫之道。

❻小乘：原指小車子，借喻小乘佛教重視自我修行的務實精神。小乘教派流傳於泰國、緬甸、斯里蘭卡等國，又稱南傳佛教。

❼《十誦律》：將戒律分為十類加以說明。

08

強權叛賊之間

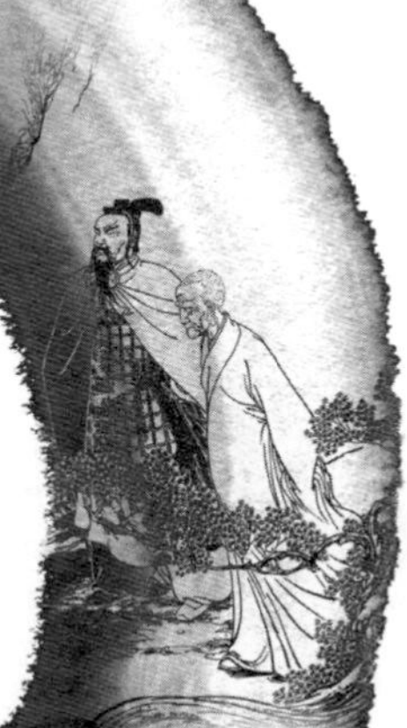

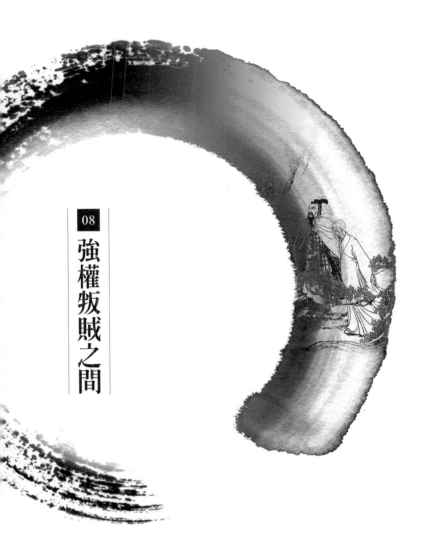

東晉孝武帝太元二十一年（西元三九六年），一向貪戀酒色、毫無節制的昏君被殺，帝位由癡癡呆呆的安帝繼承，但是實際的政權，都落在會稽王司馬道子和僕射王國寶的手中。

兩人掌權之後，就開始了種種倒行逆施，比如貪汙與收賄，讓原本已經很腐敗的東晉政權，更加混亂。而為了對抗這兩個人，來自兗、青二州的王恭，與荊州的殷仲堪聯合起來，準備放手一搏；更甚者，連北伐名將桓溫之子桓玄都揭竿起義，打算一舉推翻東晉政權。

就這樣，在強權與叛賊的爭奪戰中，一連串的陰謀、暗殺、鬥爭等種種罪行紛紛浮現，將整個中國捲入戰場。而從這些權謀者與慧遠大師的往來事蹟中，我們更能體會大師如蓮花一般高潔的情操。

有一年，殷仲堪退兵返回荊州，途中路經廬山，心情有些鬱悶的他，便上山拜望慧遠法師；一方面表達自己對大師的敬意，另一方面，也想向大師請教些問題。

到了廬山東林寺，長久處在戰爭與權力鬥爭中的殷仲堪，竟然被眼前清麗脫俗的美景深深吸引住。短時間遠離戰火、爭奪的感覺，是那麼的不同，所見到的僧人，是如此的安詳和諧、與世無爭。眼所見的、耳所聽的，令人清心悅目。等見到慧遠法師時，更被法師的威儀震懾住，不知不覺就放下了內心貪執名利的念頭。和慧遠法師漫步到山泉邊，暢談《周易》大義，說著說著，一直聊到黃昏已至，還捨不得告別離去。

出了廬山，殷仲堪滿心讚歎，忍不住對大家說：「慧遠法師的學問和修爲博大精深，我們這些凡夫，實在不能了解其中的一二啊！」

到了太元二十四年（西元三九九年），桓玄出兵征討殷仲堪，大軍經過廬山，高傲的桓玄心想：「慧遠法師的學問、道德，當今少有人可與相比，卻不知到底高明到什麼程度？好歹我也是一方盟主，他知道我在廬山附近，應該會下山來拜見我吧！明日一早，就派一名衛士去請他下山一趟！」

桓玄所以會這麼想，其實也是有原因的，一來他對於老莊玄理很有研究，

認爲這些東西，都不過是清談的題材而已，並沒有什麼特別之處。二來是專政擅權的司馬道子，身邊有不少逢迎做作的僧尼親信，桓玄親眼見到他們的行事作爲，內心十分鄙視，自然不會尊重同是佛門中人的慧遠法師。因此，才十分驕傲地派人上山，想請慧遠法師過虎溪與他一談。

不久，衛士匆匆回報，說慧遠法師近日身體不適，無法下山。桓玄聽了有點訝異，心想：「別人巴結我都來不及，這和尚竟然藉故不理我，的確有些不同。乾脆親自上東林寺走一回，看看這位頗富盛名的異僧吧！」

隨從們知道了他的打算，急忙上前對桓玄說：「殷仲堪那小子曾到東林寺禮敬慧遠法師，您現在去，不知會不會落人一個話柄？」

「豈有此理！殷仲堪馬上是個死人了，根本不需要再提這事！」話中不但流露出極欲殺害殷仲堪的心思，同時，也表現出桓玄的自負與驕傲。

上山之後，桓玄一心想與慧遠法師辯談，以此來凸顯自己的才學。慧遠大師溫和的舉止，一點也沒有阿諛權貴的態度，令桓玄有些不愉快；

傲慢的他，大膽地提出問題，來考考大師。

「請問法師，《孝經》上說：『身體髮膚，受之父母，不敢毀傷，孝之始也。』爲什麼出家人卻剃去髮鬚呢？」

慧遠法師明白桓玄問話的意思，只見他微微一笑，很簡單地回答了桓玄：「《孝經》中還說道：『立身行道，揚名於後世，以顯父母，孝之終也。』剃髮出家，正是下決心立身行道，能揚名於後世，不是不孝，而是大孝。」

桓玄聽了這樣精簡的答案，感到十分震驚和佩服，便不再提關於佛教的問題，轉而向慧遠請教討伐殷仲堪的理由。

出人意料之外的是，桓玄所提出的這些事，慧遠都以沉默來代替回答，兩人靜坐好一會兒，桓玄只好再問：「法師對這一次的征討，可有什麼希望嗎？」

慧遠點點頭說：「希望施主能平安無事，殷仲堪也能安然無恙。」

這一次上廬山的感受，讓桓玄完全改變了對出家人的看法。慧遠法師坦然拒絕下山迎客，已讓桓玄驚訝；後來，又以敏銳得體的回答，令桓玄心服口服。最重要的是，法師沒有一絲一毫阿諛奉承的言談舉止，對桓玄和他的對手

殷仲堪，都一視同仁地予以眞誠的祝福，這一切，都不是普通的出家人能做得到的。慧遠法師確實是令桓玄發自內心敬重的一位奇人。

同年下著大雪的十二月，桓玄殺掉了同盟的殷仲堪，將勢力範圍迅速地擴大，在湖北、湖南、江西建立起可觀的勢力，嚴重威脅著建康的東晉王朝。

在同一個時候，篤信五斗米道❶的叛軍，勢力也愈來愈大。原來的首領孫恩被捕誅殺之後，立刻由他的妹夫盧循承接教主的位置，繼續領導農民義軍，與東晉王朝爲敵。

盧循雖然是叛軍之首，出身卻相當良好，也是望族後裔，從小就聰明過人，善解人意。凡是見過他的人，都對他那雙炯炯有神、靈光閃爍的眼睛，留下極爲深刻的印象。

年少時，慧遠和弟弟慧持，曾經跟隨舅舅到許昌和洛陽遊學，正巧和盧循的父親盧嘏是同學，兩個人感情很好。有一次，慧遠見到小小的盧循，不但寫得一手難得的好字，更精於棋藝，便仔細看了看他，發現在他聰慧的眼神中，帶有一絲狡詐，不禁很誠懇地對他說：「你是個多才多藝、資質不凡的孩子，但是長大後，恐怕會做出令人訝異的謀叛行爲，這點你可要留意啊！」

一切果然和慧遠法師所說的一樣，盧循娶了孫恩的妹妹之後，便成了叛軍的一員，後來還當上了叛軍的首領，領導農民與衰敗的東晉政府相抗。

安帝隆安五年（西元四〇一年），以廣州爲中心，聚合了一股不小勢力的盧循，打算北上江西、湖南，與另一支軍隊聯盟。在這次的戰事中，盧循率兵路經江西，順道上廬山東林寺，去拜望父親昔日的同窗好友——慧遠大師。

外面是一片烽火，哀鴻遍野；而廬山，像是這世間唯一的一道清流、一塊淨土。故人之子在這樣的時刻來訪，慧遠當然十分欣喜，不但熱忱地接待他，更與他徹夜敍談，這使得慧遠的弟子們有些憂心，便向慧遠勸諫說：「盧循現在領兵叛變，實在不宜在寺中久留。這件事如果傳揚出去，對師父的聲譽可能會有影響，還是請他盡速離去吧！」

慧遠知道弟子心中擔憂的是什麼，便安慰他們說：「以佛法來看人情世故，是不應該有取捨分別的。我們若是只對王公貴族表示歡迎，卻對另一種人表現出冷漠的態度，那豈不是跟完全不了解佛法的人一樣嗎？」

後來成爲宋帝的劉裕，這時正率領著大軍，一路追討盧循。到了桑尾附近，大軍紮營休息時，一個細心的隨從，密報劉裕說：「領導廬山僧團的慧遠法師，與盧循的交情不錯，聽說他們曾在東林寺長談許久，不知會不會……。」

「不必妄自猜測！」

劉裕大聲喝斥了一句，又接著說：「慧遠法師是佛門高僧，道德修爲不同於凡夫，當然不會因爲盧循的身分就冷淡他；至於他們所談的內容，必定不是我們感興趣的，又何須去擔憂呢？」

這番回答，顯示出劉裕對慧遠法師的信任和尊敬；不久之後，他還派遣幾名使者，帶著自己的親筆書信和一些銀兩、米糧，上山向慧遠法師致敬，表達對這位一代高僧的仰慕之意。

慧遠法師以超脫俗世的態度，毫不偏離地面對眾人，不論這些人之間的關係是敵是友，或是多麼複雜，他都誠心地接待；既不逢迎阿諛，也不冷漠做作，這樣端正真誠的行止，使得廬山僧團成爲當時道德風範的表率，也得到了

世人一致的尊崇。

❖註釋❖

❶五斗米道：東漢時張陵所創，奉老子為教主，因入教者須繳納五斗米，故稱為「五斗米道」，為道教的前身。

09

兄弟情

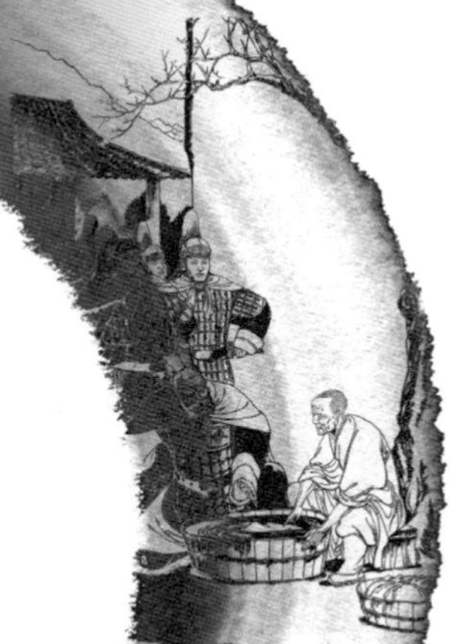

安帝隆安三年（西元三九九年），慧遠大師和慧持大師都已是六十餘歲的高僧了。

這天，他們在寮房中商討著一件大事。此刻天色有些昏暗，夕陽的餘暉斜斜地射在窗沿，看起來有一種落寞的美；兄弟兩人靜靜對坐了好一會兒，才由慧持開口打破了寂默。

「師兄可還記得？當年我們爲了躲避慕容恪的大軍，隨著師父逃往襄陽的時候，師叔法和法師往四川去弘法。這許多年來，我們始終只有書信的聯絡，一直沒有人去過四川。這次，法和法師又在信中提到，希望我們能有人去幫忙他，所以我想親自前往四川，和他一起推展弘法利生的工作。」

慧遠聽完這一番話，點點頭說：「你說的不錯，是該有人到四川去幫幫他。聽說四川景色壯麗，人口和物產都很豐富，是個好地方。如果佛法能在那裡廣爲傳布，實在是太好了。不過……。」

說到這裡，慧遠停頓了一下，轉頭看了看慧持，才又接著說：「這件事我會讓寺裡年輕的法師去做，你已經是六十多歲的老人，不再適合跋山涉水這

樣的辛苦了。」

「不、不！我一點都不覺得辛苦。四川地大物博，需要太多弘法的人才，多幾個人去也是好的。再說，年齡的增長，並未造成我體力上的負擔，我可還沒有年老體衰啊！」

慧持努力地解釋著，但是身爲兄長的慧遠，是怎麼也不肯點頭同意，讓這個從小就不曾分離過的弟弟，在晚年時遠去四川。

慧持明白哥哥的苦心，最後，他很嚴肅地告訴慧遠：「聚散離別對人生而言，確實是痛苦的。但我們是出家人，怎麼能再執著在這種自私的小愛上呢？我遠去四川弘法，並不是喜歡離開您，而是將一切眾生都當成自己的親人，希望佛法能救度眾生，離開六道輪迴❶之苦。若是連我們都不能這麼做，那還有誰眞正能弘傳正法，眞正能離欲斷情、往生西方淨土呢？」

慧遠聽慧持這麼一說，知道他內心對正法的熱切，也了解慧持在佛法上的體悟，已能擔當這個重任，便改變了原先的態度，轉而積極地支持他前往四川的計畫。

成行的日子終於到了，六十多年來，南南北北都不曾分開過的這對兄弟，終於看破世俗的感情，在東林寺前忍著依依難捨的淚水，揮手分別了。

安帝義熙元年（西元四〇五年）的二月，益州刺史毛璩在四川起兵謀反，成都王譙縱立刻派遣親信，率兵圍剿。由譙縱的姪子道福所率的軍隊，在進攻郫縣（四川郫縣）時，遇到頑強的抵抗，兩軍殺得屍首遍地，不論人和馬，身上都濺滿了血汙，看起來恐怖極了。

在戰事過去之後，道福和餘軍們疲憊地走著，途中經過慧持來此避難的寺中，便粗魯地騎著馬走進佛寺，想打點水洗臉淨手。

寺前的幾名僧人，看到一群身上沾滿血跡和汙泥的彪形大漢，不問青紅皂白就闖了進來，都嚇得四散走避。只有正在角落空地洗衣服的慧持，絲毫沒有一點懼色，仍然像平時一樣，神色自在地搓洗著盆子裡的僧衣。

「哦！這老小子倒有幾分定力，不知是何方的僧人？難道，他真的不怕我這副鬼樣子？我倒要試他一試！」

道福這麼一想，便瞪大一雙牛眼，凶狠狠地叫道：「沒長眼睛嗎？本將軍一身血汙，還不拿清水來給我洗洗！」

一名僧人趕緊回答說：「請施主稍待片刻，清水即刻就提來。」

「還要等？哼！本將軍沒那麼多時間，這盆水先給我用吧！」

道福大聲說完，便快步地走向慧持身旁，對正在洗衣的他說：「閃開！讓本將軍淨個手！」

話一出口，不由分說地就蹲下身洗了起來，那紅紅的血水迅速染汙了整個水盆，讓人感到既害怕又噁心，遠處的寺僧都嚇白了臉，只有慧持面不改色，態度淡然自若地說：「這水已髒了，施主若還要用，老僧再去換過。」

道福抬起頭來，見面前這位和尚慈藹中顯露著威儀，一點也沒有驚慌失措的模樣，不禁又佩服又慚愧，擺了擺手，沒說一句話，就和左右隨從們離去了。

到了寺外，道福放馬慢行，一面心有所感地告訴身旁的人：「剛才那位必定是位賢德高僧，看他那鎮靜自在的氣度，實在是本將軍前所未見的！」

連轉戰沙場、殺人無數的道福，都這樣由衷地敬佩慧持，可見他不同常人

的儀行，的確如豫章太守范甯與友人往來的書信中所寫的一樣——「慧遠和慧持，實在是世上少見的一對賢兄弟啊！」

❖ 註釋 ❖

❶ 六道輪迴：佛教有地獄、畜生、餓鬼、人、天、阿修羅六道之說。謂眾生隨著習性、業力，於此六道中反覆重生。

10

未曾謀面的好友

東晉安帝隆安五年（西元四〇一年）的十二月，天氣已經非常寒冷了。飛飄的大雪，掩蓋了東林寺附近的美景，但卻蓋不住人們求法的心，尤其是最近這些日子，寺裡上上下下，都爲了鳩摩羅什大師已從涼州來到長安的事，感到十分欣喜！

慧遠法師座下的大弟子曇邕，這天也像往常一樣起了個大早，做完早課之後，就到後山去練功。

曇邕在未出家前，原本是苻堅身旁的一名衛將軍，長久轉戰沙場的磨練，使他不但擁有強健的體格，更練就了過人的耐力。在東晉孝武帝太元八年（西元三八三年），跟隨道安大師出家後，專注於蒐集和研究經典，一心一意希望能幫助師父弘法。直到道安大師圓寂，曇邕才再拜慧遠爲師，從此，壯碩耐勞的他，一肩挑起了廬山與關中之間，往來奔波跋涉的艱鉅職事。

曇邕練了大約一炷香的拳，覺得全身經脈通暢，氣血平穩，這才信心十足地去向師父請安。因爲，今天師父要交代他一件很重要的「任務」。

「曇邕，又要辛苦你。」六十八歲的慧遠大師慈祥地看著面前的弟子，微笑地說。

曇邕一聽這話，立刻雙膝一跪，雙手合掌，恭敬地回答：「師父交代的事，弟子理當盡力做好，哪有『辛苦』可言？只是弟子心中有些疑問，想請師父慈悲明示。」

慧遠點點頭，曇邕便接著說：「師父這次交予弟子的，除了給羅什大師的書信之外，還有一件大法師登高座時披搭的袈裟和一只天漉器❶，這些都是厚重的大禮，不知……。」

「哦，是這件事，也難怪你會不了解。」

慧遠示意曇邕起身後，才又慢慢向他解釋：「說起羅什大師，那眞是一代奇人高僧啊！他不但對大乘❷經典極有研究，本身的學養和修爲更是高不可測。早在苻丕攻破襄陽，將道安師父強留在北方時，師父就曾經告訴過苻堅，希望他派人前往天竺，去迎請鳩摩羅什大師來中土，好彼此研討佛法。可惜，唉！」

慧遠輕嘆一口氣，繼續說：「可惜苻堅派往天竺的大將呂光，卻很不敬重羅什大師。後來在返國的中途，聽說苻堅遇害身亡，呂光就將大師暫置在涼州

修入三摩地
希求必獲如

遲遲不歸，使得大師受了十七年的輕辱，直到最近，才入關到達長安。這對求法心切的眾生來說，實在是個大好消息啊！師父以大禮相贈，也是應該的。你稍作準備，就啓程吧！」

慧遠這一番詳細地解說，使得曇邕完全了解了羅什大師在師父心中的重要性，因此一刻也不敢耽擱地往長安出發了。

慧遠大師在致鳩摩羅什的信中，表達了對羅什大師的仰慕之意，也爲兩人身處南北兩地，不能見面研討佛法而感嘆。更與羅什大師共同勉勵，要不求回報地負起弘法的重責大任。

收到書信和禮物的鳩摩羅什，很快地就有了回覆。除了以澡罐回贈，來表達謝意之外，更誠心地讚歎慧遠法師，是經典中所說的東方護法菩薩，具備福德深厚、持戒嚴謹、博學多聞、辯才無礙、智慧高深這些優點。

平日精勤念佛的慧遠法師，曾經在念佛的大定中見到佛。爲此，他很恭敬地寫了一封信，向鳩摩羅什大師請教有關「念佛三昧」❸的種種問題，羅什大師也依《般舟三昧經》❹中的解說，詳細地一一答覆，肯定了慧遠法師在定中見佛的事實。從此，兩位高僧一直互通書信，將大乘教義和龍樹菩薩❺的空觀教義，做了非常深入的討論，成爲一對未曾見過面，但卻相知相惜的好友。

後秦國主姚興一向非常敬重鳩摩羅什大師，他也聽說，在南方的廬山，有一位道德風範極爲崇高的慧遠法師，便親筆寫了書信，和龜茲國的細縷雜變像一起送到廬山，向慧遠致上崇高的敬意。

到了安帝義熙元年（西元四〇五年），羅什大師和上千名弟子，在長安譯經的工作，終於有了令人振奮的成果——長達百卷的龍樹菩薩著作《大智度論》❻，全部翻譯完成了。

秦王姚興知道了這件事，顯得十分興奮，立刻派人將譯好的《大智度論》送往廬山，並且誠心地懇請慧遠爲《大智度論》寫一篇序文，以闡揚龍樹菩薩的本願和心懷。

這時，已是七十多歲的慧遠，仍然精神奕奕，仔細地讀完全經。他常對弟子慨嘆說：「這部《大智度論》實在太好了，但是其中文句繁廣，分量又有百卷之多，初學佛的人，恐怕不知如何看起啊！」

因此，慧遠法師再次詳讀全論，然後將其中意思太過深奧、文句太過繁難的地方刪略，挑選出精華扼要的部分，作成《大智論抄》二十卷，使得有心研習的人，更容易了解。

安帝義熙九年（西元四一三年），鳩摩羅什大師圓寂了。兩人長達十二年的書信往返中，所談的都是佛法義理，所關心的都是度眾弘法的事，絲毫沒有虛僞繁瑣的俗世人情；這眞摯亮潔的情誼，是多麼地令人崇敬啊！

❖ 註釋 ❖

❶ 天漉器：出家人用的濾水囊。

❷ 大乘：原指大車子，借喻大乘佛教度盡眾生離苦得樂的精神。大乘教派流傳於中、日、韓等國家，又稱北傳佛教。

❸念佛三昧：一心一意口誦佛號，觀想佛的形貌，使身心安定而進入空寂的「定境」中。

❹《般舟三昧經》：「般舟」是佛現身的意思。此取禪定中見佛法相之意為名。

❺龍樹菩薩：約西元二、三世紀人，初習各種奇行異術，後受佛法感化。他廣宣大乘教義，對「空」的觀念闡釋最多。

❻《大智度論》：內容涵蓋天文、地理等各種佛教思想的介紹，可謂「佛教大百科」。

11

沙門與王者

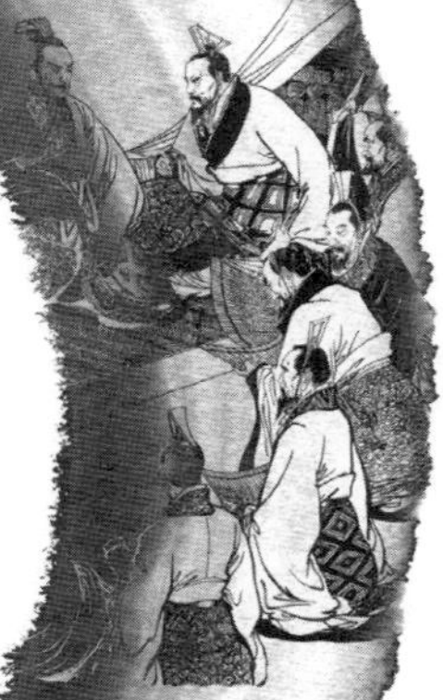

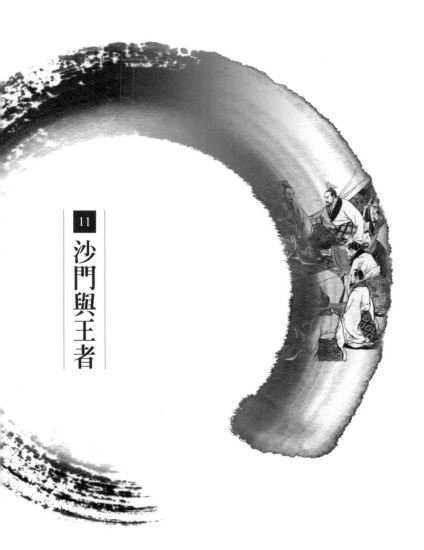

東晉成帝在位年間，車騎將軍庾冰與尚書令何充等人，就曾經爲了出家的沙門，是不是該向王侯敬拜的問題，而爭論許久。

這天上朝的時候，庾冰和何充又爲了這件事論辯不休，並且上奏成帝。

庾冰急急地說：「臣啓陛下，臣等認爲，出家人見到君主王侯，若是不行跪拜大禮，豈不是違背了儒家的禮法，如此，法紀大亂，要如何治國安邦呢？況且出家人雖然剃去鬚髮，著上僧服，但與一般人同樣是天子臣民，見到君主，焉有不拜之理？」

立在一旁的何充聽了這話，立刻上前一步，恭敬地說：「皇上聖明，老臣的看法與庾將軍略有不同。老臣認爲，沙門是出家修行的人，是超出世俗政權的統制，是不受世俗的禮法、道德約束的。加以佛教中所說的五戒，對教化百姓極有助益，更與儒家禮法毫無衝突，崇尚佛教，實在是有百利而無一害啊！況佛法由天竺傳入以來，帝王也沒令沙門跪拜，並不妨礙王法呀！」

何充的話尚未說完，成帝就很好奇地追問：「聽你這麼說，難道在天竺，僧人也不必禮拜他們的國王嗎？」

何充緩緩答道：「據老臣所知，西方各小國以敬仰佛法的爲多，各國主都十分尊敬出家僧人，將他們視爲最崇尚的佛法代表，怎會要求他們行跪拜禮呢？再者，現下正值多事之秋，若因此事引起百姓的不安，反倒不妥。老臣斗膽，懇請陛下效法先帝及往例，敬重三寶，免除出家人的跪拜之禮。」

何充說完，成帝連連點頭，表示同意，這項爭論就暫時平息了。直到安帝接位，桓玄脅迫這位形同虛設的皇帝下旨，由他都督一切軍事大任，總攬政務，當上了手握實權的丞相時，他便決心大興改革，來表現自己不同於人的雄才。

改革中有兩項重點，一是整頓、淘汰讓人詬病已久的僧團問題。另一個，就是重提「沙門應該敬拜王侯」一事。

安帝元興元年（西元四〇二年）的春天，以震主之威，無視安帝存在的桓玄，寫了一封信給八座（吏部尚書、祠部尚書、五兵尚書、在民尚書、度支尚書、尚書左右僕射、尚書令共八人），希望徵求大家對「沙門敬拜王者」的意見。

八座的諸位尚書，對佛法雖然不一定有深刻的認識，但都不約而同地主張

維持現狀，也就是出家人不必跪拜君王。這樣的回答當然不是桓玄所樂見的，他便不再與八座論議，轉而寫信給慧遠法師，請他解釋沙門爲何不必敬拜王者的理由。

慧遠法師收到信後，詳詳細細地以在家人的狀況、出家人的狀況、出家修行的目的，和佛法與儒家禮教的不同處來回答桓玄。慧遠認爲，爲了維護正法、爲了興隆三寶，出家人是不應禮拜君王的；在書寫這些論述時，滴滴痛心的淚水幾乎濕透了法師的衣襟，有誰能夠眞正了解他老人家護持佛法的心呢？

對於慧遠的回覆，桓玄並不能理解，也不能接受。但在元興二年（西元四〇三年）的十二月三日，桓玄突然下令，撤回原先已頒布的「沙門須禮敬王者」的命令，並且篡奪了帝位，自立爲天子。

桓玄表示，如今當皇帝的是自己，可以包容一切，因此允許出家人不必敬拜君王。不管如何，這個問題總算解決了。

桓玄稱帝不久，劉裕和何無忌便起兵討伐他，桓玄一路敗至潯陽，後來又轉向漢中，就在逃亡的途中被殺，結束了他野心勃勃、傲慢自大的一生。

安帝元興三年（西元四〇四年），已經七十一歲的慧遠法師，將自己與桓玄論議的書信重新整理總結，完成了〈在家第一〉、〈出家第二〉、〈求宗不順化第三〉、〈體極不兼應第四〉、〈形盡神不滅第五〉這五篇文章，就是非常著名的〈沙門不敬王者論〉，來清楚地表達自己對這件事的意見。

在桓玄下令沙門應該敬拜王者的同時，還有另一項重要的宣布，就是要全面性地淘汰僧團中的蕪雜，以整肅僧侶。

這個命令實施的範圍，不只限於京師，而是包括全國各州各縣，的確引起了出家僧眾非常大的震撼。

在命令頒布的前夕，桓玄忽然想到廬山僧團的慧遠法師，他心中暗自思量：「那些個披著僧衣、整天談玄說妙卻不事修行的假僧人，當然應該整肅，但佛門中總有一些進德修業的方僧，是值得眾人敬仰的。看來這樁大事，我應該先請教慧遠法師才是。」

慧遠法師知道桓玄執行這件事的決心，因此，當他接到桓玄詢問自己看法的書信後，並不是一味地懇求或制止，反而贊同桓玄整肅僧團；並且建議，除

了在戒、定、慧三方面都有顯赫成就的高僧，以及心志堅貞、廣修善福和長年自修不斷的出家人之外，都可普查整肅。

桓玄收信後，決意嚴格執行這件工作，不但詳查各個寺廟，更下令要大部分遊手好閒、奉承奢靡的庸僧還俗，但在命令中卻說：「……唯廬山爲道德所居，不在搜簡之列……。」

以桓玄那跋扈自恃的個性，加上如日中天的震主之威，卻能夠這樣尊重、信服慧遠法師所領導的廬山僧團，沒有其他的原因，完全是慧遠法師端正嚴謹的眞實德風，令他心悅誠服。

12

念佛結社

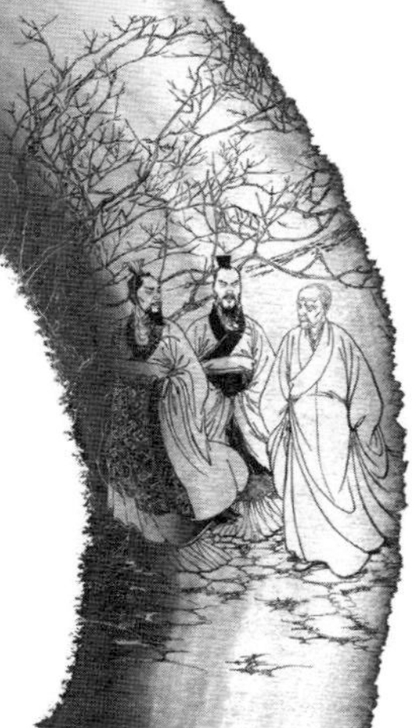

由於慧遠大師的德風感召，自各地前來親近大師的信徒日益增多，其中不少文人名士，放下世間的榮華富貴，向大師學法修行。例如彭城劉遺民、豫章雷次宗、雁門周續之、南陽宗炳、張萊民、張季碩等人，都不遠千里至廬山依止慧遠大師。

這天，慧遠法師的幾位在家弟子，不約而同地到東林寺探望師父，並且一起討論著淨土法門的修學。

「師父剛才提起，往生淨土❶一事，到底能不能做到呢？」雷次宗很有興趣地這麼請問著。

慧遠微微一笑，非常肯定地說：「可以！只要我們時時刻刻心念阿彌陀佛❷，行如阿彌陀佛，把紛亂的思慮集中專一在憶佛、念佛上，那麼，必定能斷妄想、離煩惱，而達到身心清淨無染，證得殊勝的『念佛三昧』。」

慧遠法師一說完，宗炳就忍不住讚歎道：「聽師父這麼說，念佛三昧實在令人嚮往。怕的只是自己業障❸深重、習性難除，無法都攝六根，專心一意地念佛啊！」

雷次宗也點點頭，接口說：「宗炳兄的話一點也沒錯！師父常要弟子們念佛，但念著念著卻妄想紛飛，雜念叢生；看來要修習這念佛法門，也不是件容易的事。」

「雖非易事，但也不難！」

慧遠法師以鼓勵的口氣，繼續對兩人說：「習氣重，雜念多，這是凡夫都有的毛病，不必去理會，只要把持住心志，精進念佛，謹守戒律，在定中就能見佛金身，何愁不能往生呢？」

「依師父這麼說，那這個修行方法眞是太好、太妙了。我看，我們不如集結一些有志一同的人一起修行此法門，大家互相勉勵、互相提醒，以求同生淨土。」

宗炳這個意見，立刻得到慧遠法師的贊同，他點點頭說：「很好！我們可以組織一個念佛社，並且發下誓願，今生一定要往生西方極樂世界。這件事就由大家分頭去做吧！」

創立念佛結社的事，在大家積極聯絡和籌畫之下，很快就有了結果。東晉

安帝元興元年（西元四〇二年）的七月間，大家恭推劉遺民為首，帶領一百二十三人共聚在山北的般若精舍中，發願從此精勤念佛修行，期望能仗佛慈力，帶業往生❹。

「劉兄，您一向修持勤奮，對於佛理也最了解，今日的儀式規程，就由您領導了。」

這天一早，大家就圍著與慧遠法師年歲接近、平日最受慧遠法師重視的劉遺民師兄這麼說著。

不久，共誓的時刻到了，一百二十三人齊聚在精舍內的阿彌陀佛像前，燃香禮拜，發下誓願，朝夕勤修，以求往生極樂淨土。

曾經擔任過官職，學養俱佳的劉遺民，受慧遠法師的囑咐，寫了一篇誓詞，以示大家念佛求生淨土的決心；這就是念佛結社的開始。

七月已是盛暑，但東林寺內，卻是一片清涼。

精舍中佛號綿密、香氣繚繞；精舍外和風徐來，陽光普照；好一幅人間仙境的美景勝相啊！這一天莊嚴的共誓儀式，表現了眾人懇切的修行意願，那麼，極樂淨土還會遠嗎？

❖註釋❖

❶往生淨土：人的肉體死亡後，精神意識投生到阿彌陀佛的西方極樂世界。

❷阿彌陀佛：又稱無量壽佛、無量光佛，謂其壽命無盡、光明無限，能接引人至西方極樂世界。

❸業障：因為一些不好的行為，導致生活、修行等方面諸多不順，有了障礙。

❹帶業往生：若人虔誠修佛，在佛慈悲加被下，雖業障未消，仍能往生淨土，在佛國繼續修行。

13

持戒往生

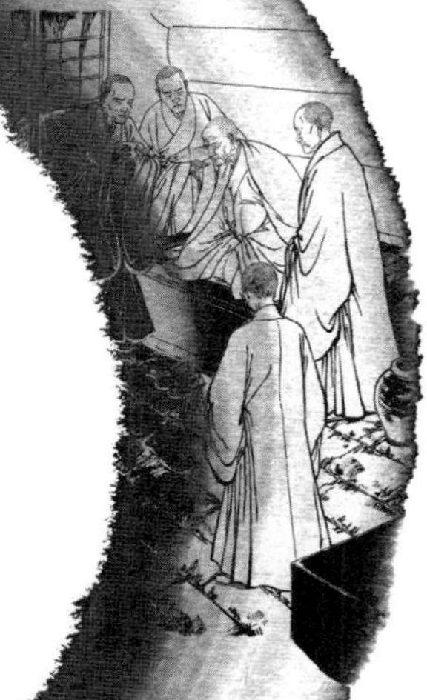

到了東晉安帝義熙八年（西元四一二年），自四川傳來慧持老法師圓寂的消息。慧持大師示寂之前，他曾經殷切地囑咐弟子們說：「戒律有如平地，一切的善法都由此而生。在日常生活中，不論何時何地，對任何人、做任何事，都要謹守戒律，不能違背佛言啊！」

慧持諄諄訓勉弟子的遺教，不久就傳到了廬山東林寺。當時已經年高七十九歲的慧遠法師對於胞弟慧持的這番話，心中自有非常深刻的感受。

兩年後，也就是安帝義熙十年（西元四一四年），和東林寺常有聯繫的同門師兄慧永法師也圓寂了。

三十多年前，誠心迎請慧遠前往廬山同修的慧永法師，是一位清淨自律的苦行高僧。平時一件百衲衣、一雙破草鞋、一根法杖、一個舊缽，在小小的西林寺中持戒修行，多年來始終與世無爭，鮮少與人交往。

慧永法師在圓寂之前，雖然身染病痛，但是仍舊跟平時一樣，精進不輟，一心念佛求生淨土。臨終前，弟子們圍繞在床邊，忽然看見師父勉力坐正、整肅衣容，並且雙手合掌，想站起來穿鞋。大家驚訝地扶住老法師，詢問緣由，

只聽到慧永法師愉悅地輕說：「佛來接我，我要走了！」然後便含笑而去。

這件事很快就讓相隔不遠的慧遠法師知道了，也讓這位一生嚴守戒律的老法師，再一次肯定了持戒的重要。

自從慧遠法師深居廬山東林寺，三十多年來，從未離開過這裡；並且，一直以端正的身教，領導一個莊嚴有序、令人崇慕敬仰的僧團，爲紛亂敗壞的社會，樹立起高亮的修行風範。

平日也很重視禪觀修習的慧遠法師，認爲禪定與戒律，就如同車子的兩輪，缺少其中一個，都不能算是眞正的佛弟子。因此，他在教育弟子的過程中，始終秉持著這樣的信念；對自己修行的要求，就更加嚴謹了。

安帝義熙十二年（西元四一六年）的八月初一，慧遠法師感到身體有些不舒服，他心裡略有預感，便更加精進地修行念佛。到了八月初六，病勢比前幾天沉重許多，弟子和大德們焦急地守在床邊，極力勸他喝些以豉酒做藥引的湯藥，慧遠端坐在床上，聞了聞藥的味道，虛弱地說：「我一生持戒，現在……怎麼能爲了我這副皮囊喝酒破戒呢？拿下去吧！」

「那麼，請喝些米汁，才有體力啊！」立在一旁的弟子輕聲地建議，慧遠法師卻搖搖頭，仍然靜靜地默念著佛號。這時，一位年長的大夫走上前，告訴大家：「不妨調些蜜水請法師喝下，可以調調氣息。」

靜坐榻上的慧遠法師聽到這話，便對左右說：「去查查戒律，看這蜜水……能喝不能喝？」

憂心如焚的弟子們立刻飛奔出去，快速地翻查律藏，但是還沒有查完，慧遠法師就在佛號的伴隨下，安然入滅了。

八十三歲的慧遠法師，在東晉安帝義熙十二年（西元四一六年）的八月初六圓寂，距離我們現在，已經超過一千五百年。但是，他老人家端正恭肅的威儀、精闢無礙的說法，還有那終生爲佛法、爲眾生的心志，在千千萬萬年後，仍舊讓世人有著無限的景仰和懷念啊！

佛學視窗

- 時代背景
- 慧遠大師的思想與修行方法
- 慧遠大師的貢獻
- 彌勒淨土與彌陀淨土
- 慧遠大師年表

時代背景

慧遠大師出生在東晉成帝咸和九年（西元三三四年），往生於東晉安帝義熙十二年（西元四一六年）。他活在世上的八十三年裡，大體上與東晉（西元三一七至四二〇年）王朝相始終。此時，正好是中國封建社會（魏晉南北朝）的崩壞與分裂時期。

東晉的政局

在北方，「五胡」並起，少數民族入侵中原，氐族之間相互殘殺，當地農業生產與生活受到嚴重的破壞，許許多多的人搬離家園，遷移到南方；至於南方，東晉的社會經濟制度，是封建式的土地所有制，門閥世族階級非常明顯，當時法律還明確規定門閥士族享有種種不合理的特權，例如：世代做官、占田、免賦稅、免役、可以逍遙法外等權利。當時有錢的大官，通常擁有良好的田地數萬公頃、奴婢好幾千人；而沒錢的人，則往往會餓死在路上，或被抓去打仗。

又東晉王朝沿用曹魏時期的「九品中正制」，使得門閥世族與一般平民之間的不平等，更加明顯。有句話說：「上品無寒門，下品無世族」，就是最好的寫照。

當時的社會狀況爲南北政權分裂，北方各種族間更有嚴重的衝突與矛盾！人民生活不安定，就算是貴族，也有隨時被殺的可能。一般人的內心充滿著恐懼與無奈，心情悽惻，對人生苦難的悲嘆、對生命無常的感慨、對人生慰藉的尋覓，因此人們追求信仰的熱情反而更濃厚，有許多人熱中探索宇宙的眞實與生命的意義。

佛教概況

佛教自漢代傳入中國，原本沒有引起社會上太大的重視，然而自從西晉大亂以後，便開始興盛；特別到了東晉、十六國時期，更是廣泛地傳播。在當時，由於國家的分裂，形成南北兩個政體，佛教在北方，以後趙、前秦、後秦、後涼最爲興盛。南方佛教則隨著北方僧人的南移而興盛，東晉的皇室都是崇信佛教，門閥士族也大多信佛。

由於王公貴族對佛教的崇信，所以特別禮讓出家人，在當時寺院的僧尼享有免除租稅及徭役的特權，許多貧窮的人民，爲了逃避租稅及徭役的負擔，紛紛跑到寺院出家，所以佛教以空前的速度傳播開來。在北方，長安僧尼數以萬計；在南方，京城建康一帶到處都是寺廟，信佛或依附於寺廟的人，更是多得無法計算。

也因此，使得政府與出家僧人之間的利害衝突愈來愈尖銳。因爲寺院經濟的發展，減少了財政收入；又由於佛教的過度鼎盛，以致產生流弊。當時有不少出家人，脫離正常的宗教活動，專門從事買賣交易等商業行爲；或藉由醫療、占卜等活動來吸引人注意；更嚴重的有蓄養奴婢、墾殖田產、攀附權貴、享用豪華、騙財騙色等，所以當時有人提出應該淘汰出家人。

慧遠大師爲了整頓當時的佛教界，擬定了若干節度僧尼的規定，如〈法社節度序〉、〈外寺僧節度序〉、〈節度序〉、〈比丘尼節度序〉。很可惜的是，現在只剩下序文目錄，而這些節度僧尼的文章，當時稱爲「遠規」。

慧遠大師的思想與修行方法

慧遠大師的一生，可分爲三個階段：第一個階段是出家前的求學活動；第二個階段是跟隨道安大師出家的二十五年；第三個階段爲進入廬山後的三十多年，也是慧遠大師開展多方面佛教活動的主要時期。

佛學思想

慧遠大師不但是一代的佛學大師，而且博覽中國的六經，並對《老子》、《莊子》有深入的研究。在思想上，他並不排斥佛教以外的學說，因爲他認爲不管是佛教的內典，還是其他宗派的學說都有相同的地方。

慧遠大師的佛學思想繼承道安法師，以「般若」學說爲中心；最重要的著作是〈法性論〉，主旨在強調宇宙萬物絕對眞實的本性、體性。在慧遠大師的時代，當時的人還沒有「涅槃常住」的觀念，而他認爲涅槃以永恆不變爲法性，如果要得到這種不變的法性，應該以體證涅槃爲根本。他並以這種法性不變的觀點，更進一步闡述因果報應的理論。大師有系統且完整地闡述因果報應理論，對後來的佛教因果說有非常大的帶頭作用。

修行方法

慧遠大師的主要修行方法是「念佛三昧」，這種方法包含了般若、禪法、淨土等三種思想。關於這種修行方法，慧遠留下的文章有〈念佛三昧詩集序〉和〈廬山出修行方便禪經統序〉，文章雖然不是很長，卻是了解慧遠思想的好線索。

念佛三昧在《大藏經》中，有很多的經論以及歷代祖師們所作的詳細介紹。它的修持方法，簡單來說，有下列四種：

一、稱名念佛。

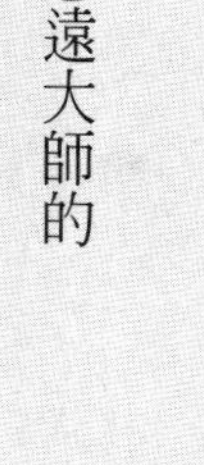

二、觀像念佛。

三、觀想念佛。

四、實相念佛。

慧遠所帶領的廬山僧團普遍重視念佛，慧遠認爲，三昧就是專思寂想的意思，也就是當我們的思維很專注在一個境界裡，就會超越肉體的限制，而不會被形相、概念、認識等觀念束縛，就能好好地觀察並洞照一切。慧遠強調念佛三昧是達到超脫煩惱，進入涅槃的最佳途徑，所以信奉阿彌陀佛的極樂淨土，一定要奉行念佛三昧。

慧遠大師的貢獻

慧遠大師是中國歷史上一位非常有特色的出家人。他的學問廣博，在當時深深受到上流階級的官宦、讀書人的敬重與仰慕，像當時聲名興盛且是國家重要大臣的殷仲勘、桓玄、謝靈運、慧義，還有著名的文人學士劉遺民、雷次宗、周續之、宗炳、張萊民、張季碩等，對慧遠大師都非常欽佩。又由於他非常重視戒律，修持相當謹嚴，所以他所駐錫的廬山被稱爲「道德所居」，從而提高佛教的地位。

此外，慧遠大師與當時許多研究佛教般若思想的學者最大的不同，在於他繼承並發揚道安團結僧人的精神，普遍提倡佛教各派的學說。身爲當時中國佛教界的領袖人物，他沒有凸顯佛教與儒家、道家的差異，而是刻意強調彼此間的一致與統一，因此在當時更能發揮廣大的號召力。

慧遠大師在廬山三十多年來，栽培了無數的優秀弟子，其中名列僧傳，享有崇高地位的就有二十人，他可以說爲佛教後代的傳法奠定了堅實的基礎與力量。

其次，慧遠大師招攬從西方過來的有名僧人翻譯佛經，或是遣派弟子到西域求取經典，因而使僧伽提婆的「毘曇學」與佛馱跋陀羅的禪法得以流行。他還傳播鳩摩羅什翻譯的「三論」，使大乘佛教空宗的中觀學說在南方廣泛流

傳，這對於後來吉藏大師創立三論宗有直接且重要的作用。

慧遠大師還是最早闡揚佛教的因果報應說，提倡阿彌陀佛的淨土及念佛三昧的第一人。又由於他鼓吹禪智並重，所以他對淨土宗、天台宗、禪宗的形成，乃至以後整個佛教思想的發展都有非常重大的影響。

廬山不只是當時南方佛教的翻譯大道場，更是佛教的中心。鳩摩羅什與慧遠大師正是當時北方與南方的佛教巨擘。他們之間保持聯絡有十多年，鳩摩羅什在長安翻譯的經典約有三百卷，他所翻譯的《成實論》、《中論》、《百論》、《十二門論》、《法華經》等，之所以能夠在南方廣泛地流布，實在是得力於慧遠大師的弘揚。長安與廬山聲氣相通，南北兩地佛教學術交流頻繁，這不但直接推動當時佛教的傳播，而且對後世佛教的發展、學派和宗派的形成，都有重大且深遠的影響。

此外，慧遠大師被尊稱爲我國淨土宗的初祖，也是廬山白蓮社的創始人。根據歷史記載，慧遠大師曾和劉遺民等十八位出家弟子與在家居士共同發起，創立白蓮社，專門以往生淨土、念佛法門爲修行的方法，共一百二十三人加入。從此以後，來到廬山的僧人與信徒愈來愈多，廬山漸漸成爲我國淨土宗的聖地。

彌勒淨土與彌陀淨土

我國最早且最著名發願往生佛國淨土的，是道安法師和他的七位弟子；道安法師所發願要往生的淨土是彌勒淨土。所謂的彌勒淨土，就是佛教所說的欲界六天中的第四天，又稱爲兜率天，兜率天有內外兩院，內院是補處菩薩（所謂補處菩薩，是指釋迦如來佛滅度後，將來要繼承佛的位置，成爲未來佛的菩薩）的住所，因爲彌勒菩薩生在這裡，所以又稱彌勒淨土。修行彌勒淨土最重要的經典是：《彌勒下生經》和《彌勒菩薩所問本願經》。

而慧遠大師所提倡的是彌陀淨土，根據《阿彌陀經》的記載：從我們的世界，一直向西方去，經過十萬億佛土的世界，就是極樂世界，也就是彌陀淨

土。那裡之所以叫作極樂世界，是因爲生在那個世界的人，沒有任何的痛苦與煩惱，只是享受各種的快樂，所以稱爲極樂。至於修行彌陀淨土最重要的經典是：《無量壽經》、《觀無量壽佛經》、《阿彌陀經》。

從慧遠大師以後一直到現在，都比較流行彌陀淨土，這主要是因爲阿彌陀佛的願力。由於阿彌陀佛在修行時，發了四十八大願，其中第十八願說：若我成佛，十方世界一切眾生，誠心相信且願意生到我的國土，只要念我名號，就一定可以往生。假使誠心念我名號，有不能得生的，我就不成佛。只要念阿彌陀佛就可以往生極樂世界，這實在是簡單的連不認識字的老太婆也可以了解，所以很適合一般人修學，也因此容易被大眾接受。

其實依據《淨土十疑論》引用的《華嚴經》所說：「一切諸佛身，即是一佛身。」「譬如淨滿月，普應一切水。」專心念一句佛的名號，就是念一切佛的名號，只要我們努力修行，將來一定可以往生，也都一樣可以成佛。

慧遠大師年表

中國紀元	西元	年齡	慧遠大師記事	相關大事
東晉成帝咸和九年	334	1	出生於山西省原平縣的賈姓人家。	
咸康三年	337	4	弟弟慧持出生。	前燕建國。
東晉穆帝永和二年	346	13	與弟弟隨舅父令狐氏至河南許昌、洛陽一帶遊學。	
永和十年	354	21	渡江南行，尋訪名師范宣子；後與弟慧持隨道安法師出家。	

昇平元年	357	24	代師講《般若經》，引《莊子》解釋實相之意。	
昇平三年	359	26	時局動亂，隨道安法師等數百僧人，往山西、河南交界的王屋女林山。	
東晉哀帝興寧三年	365	32	隨道安僧團向南遷移，途中道安將僧團分道，四處去弘法。	
東晉廢帝太和二年	367	34	慧永於廬山建西林寺。	
東晉孝武帝寧康元年	373	40	移居襄陽，先暫住白馬寺，後以張殷宅建檀溪寺。	
太元元年	376	43	道安鑄丈六佛像成，慧遠作〈晉襄陽丈六金像頌〉。	

太元三年	378	45	前秦苻堅請走道安，慧遠師兄弟四方流散。	
太元四年	379	46	與慧持及其他師兄弟到荊州上明寺。	
太元八年	383	50	見廬山幽靜，留住龍泉精舍，後住西林寺。	淝水之戰。
太元十年	385	52		道安法師圓寂。
太元十一年	386	53	桓伊爲慧遠大師所建東林寺落成。	
太元十七年	392	59	殷仲堪至廬山會晤慧遠法師。派弟子法淨、法領至西域求法取經。	

東晉安帝隆安元年	397	64	天竺法師竺道生入廬山，向慧遠問學。	
隆安二年	398	65	桓玄爲江州刺史，入廬山見慧遠。	五斗米道作亂。
隆安三年	399	66	慧持法師前往四川弘法。	
隆安五年	401	68	鳩摩羅什至長安，慧遠大師與他通信。	
東晉安帝元興三年	404	71	慧遠作〈沙門不敬王者論〉。	
義熙元年	405	72	慧遠法師撰〈法性論〉。	鳩摩羅什譯出《大智度論》。
義熙八年	412	79		慧持法師圓寂於四川。

義熙九年	413	80		鳩摩羅什大師圓寂。
義熙十年	414	81		慧永法師圓寂。
義熙十二年	416	83	大師於廬山東林寺去世。	

國家圖書館出版品預行編目資料

亂世蓮花：慧遠大師 / 朱丹麗著；劉建志繪.
-- 二版. -- 臺北市：法鼓文化, 2009. 12
面；　公分

ISBN 978-957-598-458-8(平裝)

224.515　　　　98002493

高僧小說系列精選 10

亂世蓮花

——慧遠大師

法鼓文化

著者／朱丹麗
繪者／劉建志
出版者／法鼓文化事業股份有限公司
編輯總監／釋果賢
主編／陳重光
編輯／李金瑛、李書儀
佛學視窗／朱秀容
封面設計／兩隻老虎廣告設計有限公司
內頁美編／連紫吟、曹任華
地址／台北市北投區公館路186號5樓
電話／(02)2893-4646　傳真／(02)2896-0731
網址／http://www.ddc.com.tw
E-mail／market@ddc.com.tw
讀者服務專線／(02)2896-1600
初版一刷／1996年4月
二版一刷／2009年12月
建議售價／新台幣180元
郵撥帳號／50013371
戶名／財團法人法鼓山文教基金會—法鼓文化
北美經銷處／紐約東初禪寺
Chan Meditation Center (New York, U.S.A.)
Tel／(718)592-6593　Fax／(718)592-0717